图书在版编目（CIP）数据

佲佬银家：河池中石村 / 韦光勤著. -- 桂林：漓江出版社，2025. 3. -- (广西村落文化丛书). -- ISBN 978-7-5801-0200-3

Ⅰ. K296.75

中国国家版本馆 CIP 数据核字第 2025NR3650 号

佲佬银家——河池中石村

MULAO YINJIA——HECHI ZHONGSHICUN

作　　者　韦光勤

出 版 人　梁　志
项目统筹　何　伟
特约编审　宋安群
特约组稿　廖明君　庞　白　胡小安
项目协调　霍　丽　黄　圆　吴　桦
责任编辑　吴　桦
装帧设计　周泽云　曾　意
营销编辑　陈　睿　于媛媛　俞方远
责任监印　杨　东

出版发行　漓江出版社有限公司
社　　址　广西桂林市南环路 22 号
邮　　编　541002
发行电话　010-85891290　0773-2582200
邮购热线　0773-2582200
网　　址　www.lijiangbooks.com
微信公众号　lijiangpress

印　　制　广西民族印刷包装集团有限公司
开　　本　880 mm × 1230 mm　1/32
印　　张　6.625　插页 1 页
字　　数　128 千字
版　　次　2025 年 3 月第 1 版
印　　次　2025 年 3 月第 1 次印刷
书　　号　ISBN 978-7-5801-0200-3
定　　价　38.00 元

仫佬银家

河池中石村

韦光勤 著

漓江出版社
·桂林·

从家族的精微视角，审视多民族的和谐共生。

韦光勤

中石村示意图

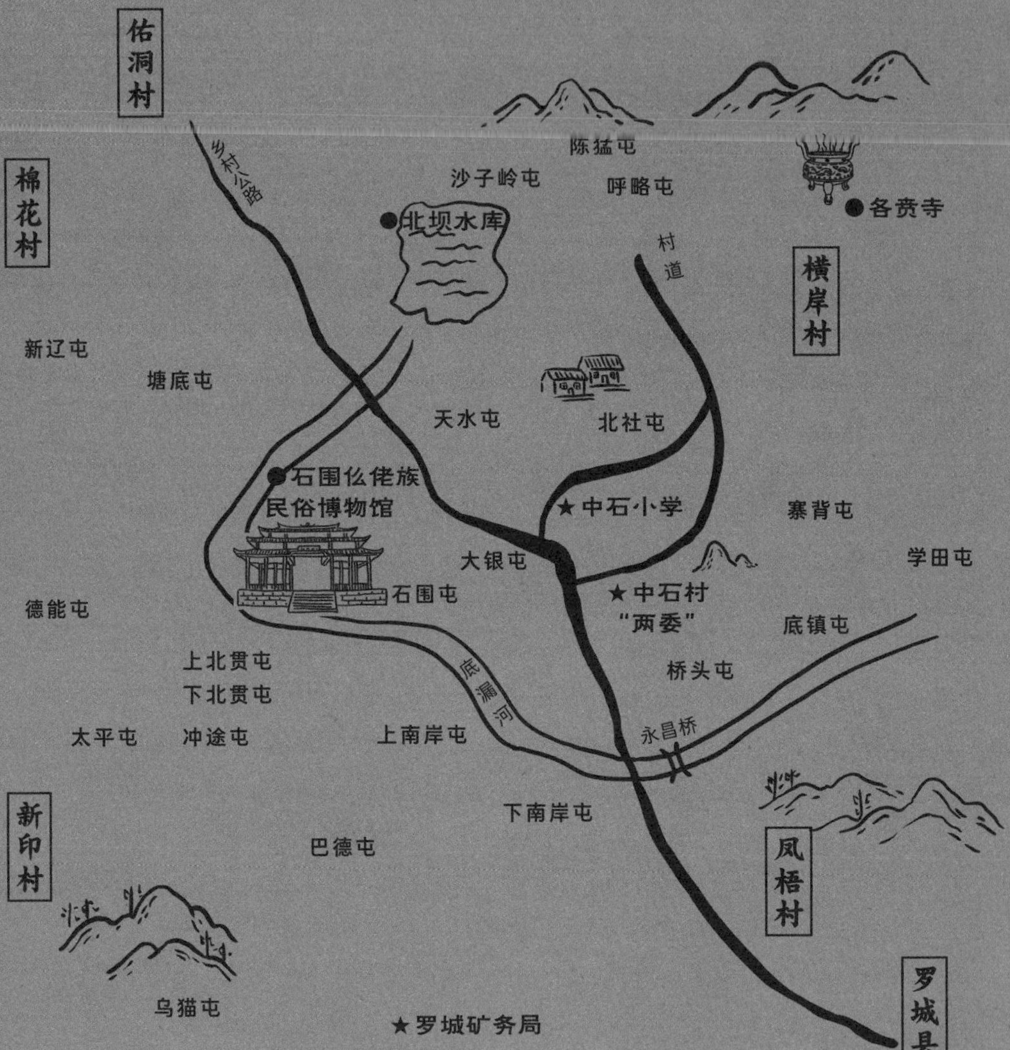

佑洞村
棉花村
乡村公路
陈猛屯
沙子岭屯
呼略屯
北坝水库
各赉寺
村道
横岸村
新辽屯
塘底屯
天水屯
北社屯
石围仫佬族
民俗博物馆
中石小学
寨背屯
大银屯
学田屯
石围屯
中石村
"两委"
德能屯
底镇屯
上北贯屯
桥头屯
下北贯屯
底漏河
太平屯
冲途屯
上南岸屯
永昌桥
下南岸屯
新印村
巴德屯
凤梧村
乌猫屯
罗城矿务局
罗城县城

黄璐霜／绘

中石小传

中石村位于广西河池市罗城县城西北面，为罗城县城西北门户，距离县城约一刻钟车程。中石村有着丰富的历史文化积淀，是仫佬族文化的重要发源地之一，以传统民居和民族风情而闻名。下辖的石围屯建有一座仫佬族民俗博物馆，展现了仫佬族的悠久历史和农耕文化。2014年，国家民族事务委员会授予石围屯“中国少数民族特色村寨”称号。

中石村地下煤炭储量丰富，二十世纪六七十年代，为了缓解“北煤南运”难题，国家曾在此地设立罗城煤硫矿（后改称罗城矿务局）。后又修建宜州三岔至罗城铁路（简称“6927工程”），专门用于向外运输罗城的煤炭。

自改革开放以来，中石村民充分利用区位优势，亦农亦商，外出务工，创办企业，村民生活由此蒸蒸日上。

多年来，中石村获得了一系列荣誉：2015年和2021年，两次被授予罗城仫佬族自治县“民族团结进步模范集体”称号；2016年被中共广西壮族自治区委员会授予“五星级党组织”称号；2014年和2024年，两次被授予“广西壮族自治区卫生村”称号；2015年，被共青团广西区委授予“青少年之家”称号。

总　序

广西壮族自治区地域广阔，山海相望，河流纵横。在这片南疆大地上，各族人民融洽相处、团结一致、积极用世，共同建设栖居之地和精神家园，形成诸多迄今为止仍全部保留或部分保留着农耕文明基因的村寨及乡镇。以农民为主体的乡土文化，与精英文化、市井文化长期互相依存，在孕育各具形态的社会生活的同时，各美其美，互相映耀，成为建构光辉灿烂的中华文化的丰富资源，承载着国人共同的历史记忆。逢此盛世，包括少数民族文化在内的乡村文化，劲挺焕发出蓬勃的朝气和活力，与城市化的进程同步，在继承往日传统的基础上，依据自身当下的条件，不息创设着具有自己特色的文化生活，呈现出生机勃勃和丰富多彩的文化事象。

在广西壮族自治区党委的领导下，经过多年努力，包括传统民居在内的广西大量历史建筑得到较好保护，形成了规模较大、内容和价值较丰富、活态传承的农耕文明遗产保护群。截至 2024 年，广西入选国家级、自治区（省）级“传统村落”“历史文化名镇名村”“少数民族特色村寨”“美丽休闲乡村”等名录的村落，合计超过 800 个（次）。这些具有地域特点、民族特色的乡土村落，是广西优秀文化的一部分，是中华民族共同体的瑰宝，是值得继续传承、有待不断开发的物质资源和精神资源。

习近平总书记先后指出，“乡村文明是中华民族文明史的主体，村庄是这种文明的载体”，“乡村振兴，既要塑形，也要铸魂”。重塑乡土文化，建设乡村精神家园，筑牢乡村振兴之根，确保乡村社会的持续稳定发展，既有重要意义，也是现实需要。

为贯彻落实党的二十大精神和习近平文化思想，广西壮族自治区党委宣传部指导策划，广西出版传媒集团组织漓江出版社的编创团队出版“广西村落文化丛书”，重点对广西村落的发展历史、建筑风貌、民居样态、民众生产生活方式、文化艺术结晶和民族地域特色等进行系统梳理，挖掘、整理蕴含在村落中的最具感染力、传播力的文化元素。本丛书被列入广西优秀传统文化出版工程，以区内20个秉具特色的村落为载体，书写中华文明史上的广西篇章、广西故事。

“广西村落文化丛书”推出的村落，基本上是迄今为止仍全部保留或部分保留着农耕文明基因的村寨或乡镇。所谓特色，指承载有乡土文明、地理特点、民族特性、历史意义，以及物质、社会和精神文化优秀传统的特征。这些特征涵盖了历史、政治、经济、教育、文化、自然、地理等方面，以及与此相关的发展脉络、山水风光、村落景象、公共设施、历史人物，乃至具体的商埠、街巷、建筑、物产、民俗、节庆、歌谣、饮食、服饰等，对它们的书写都是挖掘“村落文化”的题中应有之义。不同地域的物产资源与气候条件，决定着不同地域适宜人居的村落形制；不同的民族村落，又折射出不同民族的文化精神与审美情趣。

本丛书遴选的村落，覆盖广西14个设区市，涵括广西的四大古镇，包含汉、壮、侗、苗、瑶等多个民族特色村寨，选入少量独具广西特色的仫佬族、毛南族、京族村落，同时兼顾文旅基础好、广西文旅部门重点打造的村落。为踏实求真地完成这套丛书，作者们大量查阅典籍、方志，多次实地调研、访谈，多以“准史志”的严谨文字来写作，偶有散文笔调的呈示，也意在使史实的叙事轻快鲜活，为读者理解文本而创设情境。诚然，20个村落的丛书叙事难说全方位地反映了广西村落文化面貌，但由于每个村落都是一个“小世界”，其形貌、特性各有不同，故一定程度上仍可说，丛书不啻是广西异彩纷呈的地域文化和民族村落特色的缩影。因之，这些村落就不只是某个市县的地理乡镇，也不只是某个作者个体视角的村落印象，而是基于现实的记史、纪实的乡土影像，是包含了地理环境、历史脉络、文化积累和当下关注的宏大画卷。

本丛书兼顾历史性和当下现实关怀，既溯及村落们的过往，也描绘其当今的发展状况，蕴含着浓烈的时代精神，呼应了习近平总书记关于乡村振兴的战略思想。广西广大农村的各族群众长期居于乡村，他们热爱乡村、建设乡村，乡间一切物质与精神的积淀，更是注入民众血肉和灵魂的所在。凡是能够世代流传直至今日的良好的村落文化事象，必然是符合民意民情、具有强劲生命活力的，其赓续的功效，无疑地，既体现在精神层面，也体现在物质层面。新时代乡村的建设者，或可从中收获宝贵而又可靠的经验。

目录

前言

去往中石村，得跨过那条细细弯弯的小河——罗城河（流经中石河段，当地人叫它底漏河），这是东门镇中石村与凤梧村的天然分界线。河的一边是凤梧村，另一边是中石村。一南一北，界线分明。

从罗城县城往西北方向驱车而行，要去到中石村，人们通常会沿着朝阳路、凤凰大道，穿过东门镇凤梧村的田梧、田心、马山、木子等村庄，以及一片平坦开阔的稻田和玉米地。我走的路线前半段与之重叠，后半段我通常会选择沿着底漏河右岸狭小弯曲的村道前往。之所以选择这条路线，是因为这里有金黄的稻田、潺潺流动的河水，有古老而坚挺的石板桥和石拱桥，有青葱苍翠的乔木，有团团簇簇的灌木，有野花、野草、野果，让人心情愉悦。两条路线的路程相差无几，约为 4 千米，耗时约一刻钟。

中石村 22 个自然屯，在底漏河两岸的平坝之上呈扇形铺开。东北面不远处，寨山异峰突起，直刺苍穹，绝世独立。寨山脚下的村“两委”办公楼，在树林的掩映下若隐若现。

罗城境内的山脉均由贵州从江县向南经融水苗族自治县三防镇入境，进入罗城地界后分为两条支脉：一条东行，在融水三防境内形成高耸入云的磨盘山和饭甑山，到达罗城龙岸后便形成了南北两条山脉；一条南走，进入罗城地界时便形成了四堡一带的山脉。四堡一带山脉的主峰叫青明山（古称青陵山），海拔 1425 米，高大雄浑，气势磅礴，是罗城境内的第三高峰，也是罗城人心目中的“祖山”。

这条青明山山脉落地罗城后又分为三条支脉，形如巨大的鸡爪，朝着三个方向延伸：一条向东行，经黄金、寺门、小长安至与融水隔河相望的牛鼻村，耸起了牛鼻诸山；一条西走，行经东门镇的榕木村至四把镇，形成了四把诸山；一条南行，经榕木、横岸，然后向南折行，直至罗城北面。到了这里，诸多山峰便星罗棋布，地势“突现平阳，四围山峰环绕，罗列如城”，罗城得名或因此而来。

“头在青明山，脚踏黄金江，宝在排沙塘，身在桥头坎，尾在各贲寺。”“头在青明山，身在九龙岗，脚踏太平堂，尾在各贲寺。”这些在罗城广为流传的民谣，形象地描绘了罗城的地形和山水走向。

伫立于底漏河岸边，放眼望去，不远处是高低起伏、林木苍翠的一圈山岭。东面是马山、月亮山、寨山、坠山、兵马坡、满岭，北面是香炉山、观音山、仫佬客家山、干尸亭山、洗鱼江山、五就山、九头将军山、钢螺山、陈方岭、狮子山、陈妹腰岭、沙子岭、虎山、铜锣山、把得山，西面是横山、乌猫山，这些山形成一个巨大的弧形，像一张摆放在天地间的巨大圈椅。中石村就“坐”在这张巨大的“圈椅”之内，坐北朝南，神态自若，雍容宁静。

中石村下辖 22 个自然屯，2023 年年底农村户籍人口 1627 户 6144 人。除新辽、德能、陈猛 3 个自然屯为杂姓人口居住外，其余 19 个自然屯人口均为银姓仫佬族，占中石村总人口的 98% 以上。从某种角度上观察，“大银村”就是中石村，中石村就是“大银村”。

中石村区域面积 15 平方千米，耕地面积 2888 亩，其中水田 1970 亩，旱地 918 亩，人均耕地不足 0.5 亩，是典型的人多地少的行政村。过去，群众经济收入主要依靠种植业（种水稻、玉米、黄豆等）、养殖业（养猪、牛、鸡、鸭等）和

副业（挖煤、烧瓦、做盐面等）。2023年年底，全村劳动力3740人，其中外出务工1258人，再加上在县城创业和打零工

中石村的底漏河是罗城河的一个段落，它的下游就是流经罗城县城的西门河。它一直往南流，流到宜州刘三姐镇时汇入龙江，成为柳江的支流，最后一头扎进浩瀚的南海　蒙增师／摄

的人，其规模占到劳动力人口的1/3以上，创业和务工成了中石村民收入的重要来源之一。

中石村22个自然屯均实现了巷道硬化，产业路覆盖85%以上，有16个自然屯建有篮球场、文化楼，全村所有自然屯都安装了太阳能路灯，其中石围、太平、桥头、天水等自然屯建了污水处理设施。历年来中石村共投资490多万元修建了15个集中饮水工程，全村各自然屯均安装了自来水，安全饮用水得到有效保障。

罗城县城的地形有点特别，中部高而四周低，形如一口倒扣的大锅，县城就在这口倒扣大锅的顶部。从罗城县城往东前往融水要经过一个小长安坳，往南前往柳城得下一个勒俄坳，往西前往天河需翻过一个凉亭坳，往北前往黄金、龙岸要穿过一个桥头坳。融水县城在融江河畔，柳城县城在柳江边上，宜州城有龙江河穿过，唯有罗城县城因地势原因，没有大江大河经过，只有一条细小、轻柔、温婉的罗城河自北向南流淌，到达中石村时便汇成一条不大不小的河流——底漏河，它的下游便是穿过县城的西门河。罗城河发源于罗城县城西北梧桐河马洞一带，流经东门镇的中石村、凤梧村、县城区、章罗村、平洛村、古耀村，以及四把镇的石门村、双寨村、龙马村和地门村，然后潜入地下，流至宜州的刘三姐镇流河社区附近时，重新跃出地表，汇入东小江干流，在罗城境内的长度仅为 39 千米。正如仫佬族古歌《立罗城》所唱的那样：

男　背后又是什么岭？北门又有何乜山？
　　什么沓水悠悠出？何乜河水转弯弯？
女　背后有个哆罗岭，北门面对凤凰山。
　　龙潭沓水悠悠出，西门河水转弯弯。
男　西门河水哪村出？一路流过哪个村？
　　流到哪里转一曲？流到哪里入岩层？
女　西门河水银村出，流过潘村和张村。
　　下到古耀转一曲，流过九里入岩层。

沓水在罗城方言里指流动的泉水。“西门河水银村出”，这条源自银村、温婉清澈的底漏河自北向南，像一条玉带绕过中石村，先是向东，然后折返向南飘过罗城县城，成为罗城的母亲河。千百年来，她日夜滋润着这座古老而婉约的小城，给小城注入了源源不断的活力。

底漏河上，自西北向东南依次建有五座古桥——永安桥、永昌桥（大有桥）、锣山桥、地喜桥和九板三合桥。永安桥建设年代不明，已毁，仅余一块立于清乾隆二十年（1755年）的石碑，上刻《永安桥碑记》，详细记录了银姓的来源和建桥的缘起、目的及过程。村南建有一座永昌桥，因为是银大有牵头捐资倡建的，所以当地人也叫它大有桥。这座桥建于明

这样的石板桥在罗城随处可见，它们造型奇特，设计巧妙
韦光勤/摄（书中未标注摄影者的照片，也均为韦光勤所摄）

万历三十二年（1604年），成为中石银姓于明代在此开基立业的有力物证。锣山桥据说也有碑记，但前些年修路，碑已下落不明。地喜桥的形制与永昌桥相仿，都是双拱石桥，据说建于乾隆五十六年（1791年），但因找不到它的碑记，无法确认它的准确建造年代。九板三合桥建于清代，有碑记，详细记载了建桥的缘由、过程和捐资人姓名。在底漏河不到3千米的中石河段上，有如此之多的石桥，说明古时候这里的人员往来是相当频繁的。

这些桥梁有的已经荒废，如永安桥已经找不到任何踪迹，九板三合桥尽管还横跨底漏河两岸，却已了无人迹，为荒烟蔓草所湮没；有的至今还在继续发挥着沟通四方、联络南北的作用，如永昌桥、锣山桥、地喜桥，附近村民北去南来，络绎不绝。当然，现在的底漏河上，人们已建起了三座现代化的钢筋混凝土桥，这些新桥接过了行车走马的重担，原来的石板桥和石拱桥，作为历史的见证者和亲历者，进入了时间的博物馆。

中石村向东可达小长安镇和融水苗族自治县，向西可通天河、乔善、宝坛等乡镇，向南可达罗城县城和柳城县的冲脉镇，向北可往黄金、龙岸和融水三防等地，地理位置非常重要，是罗城的“后花园”和战略要冲。在这一小块土地上，发生过一系列历史事件，诸如太平天国运动、抗击日本侵略者、新中国成立初期的踏山剿匪和罗城矿务局的成立等。从某种角度上说，中石村是时代风云变幻的一个缩影，中华大地上的每一次变革都能在这里找到印痕。

群峰环绕，万水归依，犬吠鸡鸣，山欢水笑。山是中石骨，水是中石魂。山让中石挺拔，水让中石妩媚。只要在中石村的巷陌间盘桓半日，便会有别样的体验。

走，进村看看！

追根溯源

▼银姓五冬族谱云：『考我世系，异地别乡，非朝夕之能至焉。』

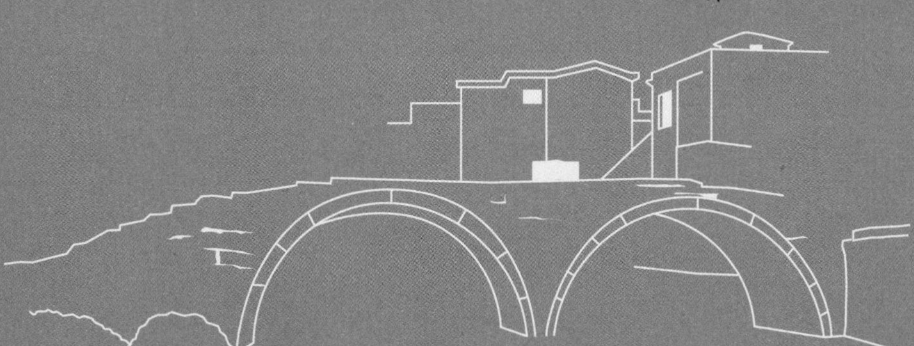

中石村是一个非常特别的行政村，98% 以上的村民为银姓仫佬族。新辽屯是中石村唯一一个没有仫佬族的村庄，村民均为汉族，有杜、祝、吴、徐四姓，日常操阳山话、挨话（客家话）、桂柳话，但村民大多会说仫佬话，能够熟练地用仫佬话与当地仫佬族人交流，这是生存环境使然。陈猛屯村民是清一色的罗姓仫佬族，从县城南边章罗村的大罗屯迁来。德能屯的熊姓人家经湖南从湖北荆州迁来，先是到东门街谋生，他们在县城居住的街道被人叫作熊家巷，后因避乱迁居德能洞（今德能屯）定居。

我或姓金

仫佬族是广西 12 个世居民族之一，多数聚居在罗城仫佬族自治县的东门、四把、黄金、天河、龙岸、小长安等地，其余散居在宜州、柳城、融水、柳江、忻城、都安、环江、金城江、柳州等邻近地区。2023 年年底，罗城的仫佬族人口为 13.65 万人，占全县总人口的 35%。仫佬族人日常所操语言为仫佬语，仫佬语属汉藏语系壮侗语族侗水语支。仫佬族没有自己的文字，日常记事和书面交流均使用汉语。古时多数仫佬族人自称“伶”，少部分地区自称“谨”或“本地人”。汉族称之为“仫佬”，壮族用壮语称他们为“布谨”，意为“讲‘谨’这种话的人”。

关于仫佬族的族称、族源问题，有“外来说”和“世居说”两种说法。“外来说”是指很多仫佬族人认为其先祖从外地来到罗城，来时讲的是汉语官话，因娶当地讲仫佬话的居民（一说是苗人或侗人）为妻，所生子女，姓氏从父，风习言语从母，经过岁月沉淀，逐渐形成了仫佬族。

仫佬族有吴、罗、谢、潘、银等大姓，其中银姓仫佬族绝大部分居住在东门镇中石村，是当地的大族。根据中石银姓族人的自述以及他们的族谱、始祖碑文上的信息可知，银姓并非世居于此，而是从外地迁来的。对此，银姓五冬族谱云：“考我世系，异地别乡，非朝夕之能至焉。”就是说，中石银姓仫佬族人原住“异地别乡”，经过漫长而艰辛的迁徙，才来到罗城定居。

吴保华、胡希琼主编的《仫佬族的历史与文化》一书认为，中石银姓的始祖是金穆柯，其为金国河南开封府总督官员，在金国灭亡时因避祸南迁，成为罗城银姓的始祖。

中石银姓四冬、五冬的族谱和宗祠碑记载：“银姓系穆柯公之苗裔，原籍乃宋金人氏，生居帝胄。”因当时发生叛乱事件（即成吉思汗伐金），元遑干戈，于是迁到河南开封府。“恐被驱而戮之……姓改金增艮为银，则迁往粤西琳州三房……”在逃亡过程中，他们在本姓“金”的旁边加上一个“艮”字，姓氏便由“金”变成“银”，从而避开了仇人的追杀。随后，他们一路向南，于明洪武年间迁到粤西琳州（唐代在罗城一带置琳州）的三房（今融水三防），住了一段时间后，又迁至粤西琳州的新林里（今大银、石围一带）。为何在“金”字旁边加“艮”而不是别的字，银姓族谱给出的答案是：在八卦方位中，“艮”代表的是东北方向，加“艮”字是为了提醒子孙后代，无论走到哪里，时刻都不要忘记祖坟所在的方向。由金改银是银姓族人对九死一生逃难经历的不灭记忆，是银姓子孙对故园的怀念与对新土的感激。

迁徙到罗城的银姓先祖，与当地的少数民族女子（侗族或其他少数民族）婚配，生文质、文勋、文隆、文降、文陪五子，皆从银姓，但语言、习俗均从母系。文质、文勋二公“顶耕”四冬田业，文隆、文降、文陪三公“顶耕”五冬田业。后来，文降公返回河南原籍，文陪公则迁到湖南通道安祥里寨成堡定居。五冬仅剩文隆公一人坚守祖业。至于银姓八冬，其族谱云：他们亦来自河南开封府，然而，“原籍有在，苗裔有由，历久世远，而家乡之兴衰存亡俱无识矣”。因年湮代远，后人对家族具体的历史情况已不甚了然，只能从族谱的残页和老辈人的口中了解个大概。由此可知，文质、文勋是银姓四冬的始祖，文隆是银姓五冬的始祖。

银姓在融水三防住了多长时间，没有明确的记载。我们所能知道的是，三防街头原来有一座白马庙，建于清光绪八年（1882 年），由前座、后座和中间的天井组成。据当地人说，庙里除了供奉白马娘娘，还供奉其他几位神仙。三防居民基本上都是壮族，壮族只敬莫一大王，不供白马娘娘，由此看来，这座白马庙极有可能是银姓仫佬族人在三防居住时所建，也就是说，清光绪年间，银姓仍在此居住。这座白马庙的神像于民国初年被人烧毁，庙宇成为当时的地方组织“三防民团”的总部。1930 年红七军过境三防时，部队的通讯班即设于白马庙。红七军撤离后，白马庙被当时国民党当局的“禁烟检查所”占用。新中国成立后，它成为三防航运站的办公场所。20 世纪 80 年代，这座白马庙被彻底拆除，人们再也不能一睹它的容颜。

“一树万枝而有枯荣之干，一鸟千羽而有长短之毛。”银姓原来有八个支系，一个支系一个冬，共八个冬。时代更迭，如今，中石仅剩下四冬、五冬和八冬，其子孙繁衍已达二十余代。而一、二、三、六、七冬不是迁走，就是后继无人，在中石甚至在罗城这块土地上已彻底消失不见。

现在的银姓子孙散布各方，远的在河南、湖南，近的在宜州、柳城、都安、象州、武宣等地，瓜瓞绵绵，枝繁叶茂。

有意思的是，在石围屯北面仍然保留着一块面积约三亩的田，它状如靴子，故名“靴田”。早在清代时，这块田的主人就已迁到象州去了。但银姓后人无论走到哪里，时刻都在怀念自己的故土。乾隆年间，考取功名的象州银姓后人银中球（文举）、银起朝（武举）、银赞朝（武举）三人，衣锦还乡，回到大银村，寻根问祖，并亲自验证了这块祖先拓荒而来的“靴田”。

不忘根本的象州银姓族人，前几年在那块“靴田”边上立了一块靴子模样的石碑，“靴子”之上，镌刻着“靴田”的前世今生。而那块生生不息的拓荒田，静静地守在道路一侧，似乎是在等待着在远方漂泊的主人，有朝一日能够回到它的身旁。

中石银氏有一支迁到象州，开支立派。百年之后，银氏后人回到中石寻根问祖，并在祖先开垦的“靴田”边上立了一块靴子模样的石碑，以示对故土的怀念

然而，潘琦主编、众多专家共同完成的《仫佬族通史》及吴国富先生所著的《仫佬族研究文集》中均提到，仫佬族是地道的岭南世居民族。

据书中所述，仫佬族人自称“仫佬”[mu^6lam^1]。“仫”是仫佬语“个”的意思，用作“人”的量词；“佬”是语言名称，即仫佬语。“仫佬”在仫佬语中的意思是“一个讲‘佬’话的人”。“佬”的读音与广州话“琳”相近。罗城“秦属桂林郡，为琳州峒地”，属骆越居住的“陆梁地”。到了宋代，仍称为“琳州峒地”。也就是说，仫佬族的这一自称可以解释为“琳州人”——罗城人。

仫佬族聚居区地处岭南，在封建社会，仫佬族人长期被封建统治者视为蛮夷，生存空间受到严重挤压。为了民族的生存和发展，仫佬族人便采用伪托的办法修族谱、立宗祠，将自己的先祖说成是来自汉地的名门望族，通过追根溯源、传扬先祖风范来荫佑子孙后代。同样的，为了光宗耀祖、荫护子孙，生活在岭南的其他少数民族甚至汉族也同样通过伪托族谱的方式，寻找“靠山”，以光耀门楣。

据仫佬族诸大姓族谱和宗祠碑文记载，所有迁来罗城的都是外来的汉族人，但并无整个族群迁来的记载，迁来此地者均为单枪独马。族谱和宗祠碑文中记载的“当地人”应该就是世居此地的仫佬族人。汉族人迁来罗城落籍，与当地女子婚配、繁衍后代，融入仫佬族人之中。按照仫佬族的风俗习惯，上门女婿，无论原先族属为何，一律改为女方姓，这个习俗一直沿袭至今。因此，即使仫佬族人的先祖从外地来与当地女子成婚、生儿育女而风习言语从母不从父为真，这个说法也得先满足一个前提条件，就是母族在当地已经发展得十分成熟，形成了一整套自己的民族语言和民族风俗。

《大清一统志》云："狑人又名僚，俗名姆佬。"清雍正金鉷监修的《广西通志》里说："罗城县东一、西一、西七、西九、东五、平东、上里咸狑种……""天河县多夷种，而散处四境者又各不同。东则为狑獠，名曰姆姥。"《古今图书集成·庆远府部》载："天河县邑分四乡，县东八里咸伶种，名曰姆佬。"1962年，刘介（刘锡蕃）在《关于仫佬族简史的意见》一文中说："仫佬来自伶，伶又沿于僚，伶僚即仫佬。"清初罗城知县于成龙在《治罗自纪并贻友人荆雪涛书》中说："土民有猺獞狑狼之种。"潘世雄先生在《仫佬族族称考略——兼论仫佬族、侗族族称含义》一文中认为："广西仫佬族来源于僚，是僚人的后裔之一，她不是外来民族，而是广西的土著。"《仫佬族简史》认为："由汉晋至唐宋的一千多年间，僚族被当作对西南少数民族的泛称。"由此可知，"僚""伶""姆佬"（仫佬）之间有着某种亲缘关系。1953年，国家组织联合调查组，深入罗城开展民族识别工作。1956年，经过民族识别，国务院正式确认族名为仫佬族。

也就是说，在清代"姆佬"单独分立出来成为一个族称之前，历史典籍中对仫佬族的称谓应与“伶”“僚”“伶僚”等有关，仫佬族的先民在明清史籍中经常被归入岭南“僚人”和“伶人”。

仫佬族学者龙殿宝先生在《仫佬族依饭经文辑录》的前言中，开头一句即开宗明义：“仫佬族是广西原住土著民族，很早就活动在岭南一带。”

因此，我们可以这样认为：仫佬族的形成和发展，既有百越族群西瓯骆越民族的特质，也融合了兄弟民族（如壮族、侗族、毛南族、汉族）的民族心理和民族文化特性，是民族交融的结果。这从侧面体现了中华民族的多元一体格局，也说明了铸牢中华民族共同体意识的重要现实意义。

“银村十三村”

走进中石，我总是感慨万千，她太特别、太独特了。她自古就有“银村十三村”的说法，俗称“银村”或“大银村”。“银村”在仫佬话里叫“迎腾”，仫佬话的“迎”就是“银”，“腾”就是“屯”。村场所在的位置比较高，又叫“乌迎腾”，“乌”就是“上”的意思。“银村十三村”到底包含哪些村屯，因为年湮代远，人们无法准确完整地说出十三村的村名。综合起来看，“银村十三村”至少应当包括银姓集中居住的大银、石围、天水、北社、呼略、乌猫、桥头、寨背、底镇、学田、冲途、太平及上、下北贯等自然屯，而上、下南岸和巴德等村屯的银姓，则为大银或别的村寨银姓的分支。

历史上，中石村在明清时期叫新林里、中兴村、忠实村。1952 年土地改革时，改称中石村。中石者，忠实也。

中石银姓居住的村庄，名字都有来历，有的因自然环境得名，有的因人类活动得名，有的因地理位置得名，并非无中生有，凭空想象。每一个村名就是一条文化的讯息，耐人咀嚼。据《仫佬族的历史与文化》记载，兹列部分村名如下：

寨背屯建于元朝末年，是罗城银姓最早的居留地。因村子位于寨山背后，故名“寨背”。民谣“寨背油榨响叮咚”，说的就是过去寨背榨油的情形。

大银屯亦建于元朝末年，为当年银姓最大的居住点，所以叫作“大银”。大银屯是银姓仫佬族四冬、五冬集中居住的地方之一，可以说是银姓仫佬族最初的“根据地”之一。

石围屯建于明嘉靖十年（1531 年），它原先的名字叫作“广钟”，在仫佬话里是“撞钟”的意思。石围屯西头，原先有一座庙，嘉靖年间，兵燹频仍，庙里来了两个走投无路的人，寄食于此，充任庙祝。“当一天和尚撞一天钟”，他们最重要的职责之一就是观察四周，发现异常就鸣钟示警。他们去世后，人们把他们葬在离庙不远的土坡上，让他们得以继续与庙宇对望，聆听那熟悉的晨钟与暮鼓。由“广钟”而“石围”，有两个说法：一是村寨周边群山环绕，形如城墙；二是村子周边砌了一圈高大的石头围墙，东西南北分别开有四个门，晚上一关闭，整个村庄便是一个封闭而独立的世界，可御匪防盗，保老幼平安。

底镇屯亦建于明嘉靖十年（1531 年），因寨子筑于寨背屯下侧，且村中房屋均坐南朝北，方位正中，故名“底正”。后来人口增多，村庄扩大，村前人来人往，有如圩镇，遂改为“底镇”。底镇屯是个很特别的村子，它严格按照八卦方位安排房子的位置，村里建有八个闸门，巷道尽头明堵暗通，具有极佳的防盗功能。后来，由于种种原因，所有的房屋又一律改为坐北朝南，然村寨的格局仍旧保留。底镇屯是中石村最大的村庄，2023 年年底共有 226 户 728 人。

天水屯因为村场所处位置地势较高，水源缺乏，村前农田全靠雨水灌溉，俗称“望天田”，得看天吃饭，所以叫作“天水”。天水村民有舞狮的传统，狮子造型华美，舞狮动作惊险流畅，往往一出场便赢得观众的欢呼声和叫好声，故中石民谣有“舞狮最雄是天水”之句。

北社屯建于清乾隆四十一年（1776 年），其得名源于村北一座古老的乐旺社王庙，是中石唯一一个因庙得名的村庄。社王庙那袅袅的香烟、闪烁的烛火，数百年来，一直映照着中石银姓百姓的生活。北社群众乐观豁达，无论生活如何艰苦，总是坦然面对。中石民谣“一抓黄豆搞三盅”，说的就是北社群众的这种心态。

南岸屯建于明嘉靖三十三年（1554 年），因位于底漏河南岸而得名，分上下两屯。南岸八冬因为在顺治和咸丰年间遭遇了两次大的劫难，人丁锐减，做任何事都团结一心，故中石民谣唱到八冬时说：“干事齐心是八冬。”

学田屯建于明万历九年（1581 年），是一个古老的村庄。据说，明朝初年曾有乡间文人在此开设蒙馆，村中士绅曾划出部分田地，将其所收租谷作为办学费用，由此得名“学田”。

北贯屯，建于清乾隆三十九年（1774 年），屯背有一形似倒置煤砂罐的石山，因“罐”与“贯”同音，在仫佬语里为“罐口”之意，故名。北贯屯原来的村场并不在现址，而是在一个名叫堡村的地方。堡村周边就是煤矿，长年的煤矿开采导致村民的房屋开裂。1973 年，罗城矿务局给他们重新规划了一个新的村场，统一建房，整齐划一，分为上北贯和下北贯两个自然屯。

乌猫屯因屯背有石山形似乌猫而得名。仫佬族农民运动的先驱银韦学就是乌猫人，是一个进入中国共产党罗城历史的人物，其经历颇具传奇色彩。他精通孔孟，德才兼备，足智多谋，交游广泛，能言善辩，胸怀大志。银韦学年轻时在宜山庆远中学堂读书，后入桂林法政学校与韦拔群成为同学。大革命时期，受韦拔群领导的东兰农民运动的影响，1930 年，银韦学在附近的棉花、集环、大银一带村屯，向群众宣传杀富济贫、打倒土豪劣绅和反国民党“三征”（征兵、征粮、征税）的思想，以唤醒仫佬族民众的反抗和斗争意识。银韦学父子曾秘密带领周边群众 60 多人离开故乡，前往东兰。因找不到革命队伍，银韦学父子和众乡亲又秘密返回家乡。壮志未酬的他，愤然在墙上题诗，其中有“莫道蛇无角，成龙也不知。请看天上月，团圆有缺时”之句。

太平屯原名“岜峒”，屯后山有个岩洞，长年清泉喷涌。据说，清代村中有一个名叫银汉高的人中了举，认为屯名

中石村口的永昌桥（大有桥）是罗城最古老的石拱桥之一
蒙增师／摄

太过俗气，遂改名“太平”，沿用至今。

呼略屯的屯名为仫佬语“从里面割出来”的音译。据说因地处偏僻，古时无人居住，银姓五冬的一支前往开发，五冬便将这片土地从里向外割出来送给他们，村场便由此得名。这里曾是罗城矿务局呼略矿驻地，现在粤桂协作螺蛳粉产业园落户这里，使得原先废弃的矿区焕发出新的活力。

德能屯，原名“得能”，仫佬语“得意”的意思，因该地四面环山，中有开阔平坦的耕地，环境幽静，生活丰裕，人们引以为傲，故而得名。

桥头屯因屯前建有一座明代万历年间的永昌桥而得名，

是中石最古老的村场之一。永昌桥南北走向，为双拱单券石拱桥。建桥的目的是“壮一方之盛景，以便万姓之往来”。在过往数百年的时间里，永昌桥是中石百姓去往罗城县城的必经通道。这是一座实实在在的民族团结桥和万民同心桥，在中石民众眼里，意义非凡。《新建永昌桥序》碑，是目前罗城境内发现的最古老的石拱桥碑之一，也是中石银姓于明朝中前期迁来罗城的实证，对于研究罗城文化教育和民风民俗，具有极高的参考价值。

冲途屯，原名中途屯，建于大路旁，地处交通要道。过去从中石村最远的地方去往罗城县城，至此正好一半路途，故而得名。

过去，人们按照地理方位将中石村划为三个片区，即底镇片区、大银片区和南岸片区。底镇片区包括寨背、底镇、桥头、呼略、学田 5 个自然屯，大银片区包括大银、石围、天水、北社、陈同（后搬至佑洞村的乌木屯）5 个自然屯，南岸片区包括上南岸、下南岸、巴德、上北贯、下北贯、冲途、太平、乌猫、新辽、德能等自然屯。

由于南岸片区过于庞大，为了便于管理，20 世纪 70 年代，从南岸片区诸屯中又分出一个中胜片区，包括上北贯、下北贯、冲途、太平、乌猫、新辽、德能、塘底、沙子岭、陈猛，中石村由此变为四个片区。

现在，人们还是习惯用片区来划分各屯的归属和方位，这是一种传承，也是一种怀念。

银姓之“冬”

“你是哪个冬的？”

中石村的仫佬族人要是在路上或某个场合相遇，通常都会这样问对方。如果两人同冬，关系可能就会亲近几分，即便得到的回答是不同冬，问的人也会说：“我们三百年前是一家！”

《仫佬族的历史与文化》和《仫佬族简史》等著作均认为，中石银姓仫佬族与其他大姓的仫佬族一样，宗族观念很强，血缘关系是他们紧密相连的纽带。他们注重血缘，遵从秩序，宗族纽带系得相当紧。宗族之下有“房”，“房”下有“户”。“六房”之内，血缘更为亲近，走动更加频繁，关系更加紧密。尽管他们当中的某些家族由于生活所迫，离乡背井，迁徙他乡，但是他们始终没有忘记自己的仫佬族血统，他们总会千方百计回到祖居地寻根问祖，续血脉，认亲人，扫祖茔，拜祠堂。而坚守故土、看护祖坟的族人都把他们当作自己的亲人，热情接待，把酒言欢，共叙乡情，亲如一家。

最能说明仫佬族宗族观念的是“冬”这种社会组织。至今仍存后嗣的仫佬族各大姓中，吴姓有二冬、三冬、六冬，谢姓有四冬、六冬、八冬，罗姓有三冬、六冬，潘姓有五冬、六冬、七冬，而中石银姓则保留着四冬、五冬和八冬。其他的冬到哪里去了，无人知晓。

冬的历史相当久远，准确的形成时间难以稽考。就像一棵矗立在村头的大树，人们只知道它很老，却无法确切地数清它的年轮。有人说冬是原始社会的产物，有着明显的宗族色彩；有人说是封建社会承担国课交税纳粮的宗族社团；有人说是仫佬族祖先从事狩猎或军事活动的社会组织。据仫佬族族谱和相关文献记载，冬可以确定人们关系的亲疏，同一个冬的仫佬族人，关系上比较亲近，一般是同一个先祖。关于冬的历史，罗城仫佬族有资料可考的可以追溯到明洪武年间。四把大梧吴姓二冬的宗祠碑立于明洪武二年（1369 年），上面有关于冬的明确记载。中石银姓与四把大梧吴姓来到罗城的时间大致一致，故他们的冬应一样历史久远。

各冬都设有冬头，也叫首事、族长，是本冬的自然领袖。冬头大都由本冬德高望重、办事公道、能力出众的长辈担任，具体负责本冬的祭祀、析产、婚丧及族规禁约制定、纠纷调解等族人事务，无固定报酬。

归根到底，冬既体现了银姓仫佬族人对身份和血脉的认同，也是他们管业田产、安排生产、明确国课义务的组织，同时还是他们开展祭祀、婚娶、交际等事务的团体，在宗族观念强烈的银姓仫佬族人的生产生活中发挥着极为重要的作用。银姓仫佬族人无论走到哪里，只要一说各自归属的某冬，就会得到热情的款待。

在中石村，银姓一个冬就是一个宗族群体。在一个村寨里，各冬的界线泾渭分明，各冬的房屋都建在本冬的范围内，以巷道隔开，互不越界。如中石村大银屯，住着四冬和五冬，两个冬之间有一条纵向巷道，四冬的房屋建在巷道的西面，五冬的房屋建在巷道的东面，绝不杂乱。如果人丁繁衍，则另在老村旁边找一空地建新屯，也是一冬住一地。

他们的耕地、山林、溪流、池塘、坟场等，也都有明确清晰的界线，至今五冬祠堂内依然保存着一块划分四冬和五冬界线的界碑。东门镇佑洞村长塘屯的一块巨石上至今镌刻着“四冬界”三个大字，表明在过去的一段时间里，四冬的地界划到此处。新中国成立后，进行了土地改革，各村的区域发生了很大的变化，这些界碑便也不能再作为划分某村某族地界的依据了。

然而，值得注意的是，仫佬族学者吴国富先生对于“冬”的考证，为我们打开了认识仫佬族的另一扇窗口。

吴国富先生在《仫佬族“冬”组织再研究》一文中认为，“冬”这种组织在明代初期就已出现，它是广西壮侗语族先民分布地区里甲制下为缴纳粮赋而设立的基层行政管理单位，由唐宋时期广西地区“羁縻州峒”的“峒”演变而来。冬按数字顺序设置反映了编户区划和纳税户数量的多少，同一个冬下的可能是同姓同族人，也可能是异姓异族人。它曾广泛存在于广西壮侗语族先民分布地区，至今仍有迹可循。如南宁、武鸣、隆安、上林、钦州、灵山等地，至今还保留着含有“冬”字的地名。

《广西仫佬族毛南族社会历史调查》一书提到，四把镇大梧屯的“吴姓二冬始祖吴福弥在明代洪武二年（1369 年）因做生意从湖南长沙省猪笼巷”“迁居罗城大梧安居乐业”。三冬始祖吴立基“原籍湖南长沙府玉明县，在明清两朝迁居粤西柳州府罗邑西乡七里安居，名曰大梧村，造屋创业，开户三冬”。吴氏《明清两朝历代昭穆总祖之灵碑墓》记载：“六冬远祖吴德忠于明朝成化六年（1470 年）癸酉岁春迁居至粤西柳州府罗城县西乡大梧村安居，顶住大中律社王，普祭一切神祇，开立户籍，名为六冬，吴掌塰户。税纳国课，永远相传……”

书中还提到，大梧村吴姓二冬始祖吴福弥迁居罗城大梧村的时间是明洪武二年（1369 年），六冬始祖吴德忠开立户籍的时间是在明成化六年（1470 年），中间间隔 101 年。据罗城县志记载，明代时，罗城下设 13 个“里”。清代时，罗城有“编户十七里”和通道镇。罗城的伶人、俍人、壮人等少数民族“初入版籍”，完成定居和进入定居农业阶段。三冬和六冬都归属西乡七里管辖，同村的二冬理应也归属西乡七里管辖，而且冬作为户籍管理单位，它的职责是“税纳国课”，即承担向政府交粮纳税的义务。西乡七里即西七里。因“里”是里甲制下的基层行政管理组织，在其他各里，理应也有冬组织的存在。

吴姓二冬、三冬、六冬始祖来源地不同，迁到大梧屯定居的时间也不同，都不是由同一个祖先分化出来的后代，而是因地缘关系形成的一个村落。因此，大梧村吴姓的三个冬并非“以父系血缘为纽带而联合起来的宗法制的家族形态”。也就是说，不论是什么姓氏，只要居住在某个地方，就得编入某个冬，以便管理和分派国课，无关血缘。

明代以来，随着大量汉人的进入和定居，冬也成为壮、汉民族杂居地区的地名和基层行政管理组织单位，并延续至今。如龙岸镇平石村大麻屯的一份清嘉庆十三年（1808年）的卖田契约存根，记录有“高元三里三冬梁朋升户税米五合正”的内容；光绪三年（1877年）十二月二十三日立的一份卖田契约草稿写有“高元一里小八冬的名卢瑞户”卖断自家田地的内容；龙岸镇天宝村风强屯（侗族）保存的一份清道光九年（1829年）的执照记有“高元三里一冬花户石三岳”的内容。民国以后，冬的职能才逐渐为乡村行政组织所取代。也就是说，明代时罗城就设有里、村、冬三级行政管理组织。

明代学者桑悦《记獞俗六首》其三写道：“山深路远不通盐，蕉叶烧灰把菜腌。女髻风鬟纯黑绾，男头雨笠尽红尖。租田亦与人分粮，摘穗惟将手当镰。间有十冬讵赋后，欲询无计召交谭。”作者自注：“柳人名排年，里长为十冬。”诗里说的“冬”就是明清至民国初期缴粮纳税的民间组织，负责征缴粮赋。

桂北山区自唐宋时期，就已经逐渐被纳入中原封建王朝的管理体系，经历了由羁縻制度到元明时期的土司制度和清代“改土归流”等少数民族地区行政管理组织形式的变化。罗城一带的冬正是这一管理体制的组成部分。作为封建制度下的基层社会组织，冬的社会成员既涉及今天的仫佬族先民，也涉及汉、侗等族先民，冬并非仫佬族特有的社会组织。

随着人口的增长和聚族而居传统的形成，仫佬族个别大姓巨族中出现了冬与宗族组织重合的现象，如东门镇中石村的银姓即是如此。如今，除东门镇中石村银姓和四把镇大梧屯吴姓仫佬族仍保留和使用冬的名称之外，仫佬族其他各姓氏的冬已基本消失。

祠堂里的香火

与其他大姓仫佬族一样，中石银姓的四冬、五冬、八冬都建有各自的祠堂。四冬祠堂建在大银村中心西向巷道的北侧，五冬祠堂在东向巷道的北侧，与四冬祠堂在一条直线上。原本它不在现址，而是在现中石小学的校园内，1942年因建校需要，祠堂往东平移了大约50米，搬到了中石村委会斜对面。八冬祠堂建在上南岸村口，它的旁边就是仫佬族村寨常见的婆王庙。四冬、五冬祠堂里保存有界碑、判词碑、族规以及《朱子家训》《颜氏家训》等，这些是银姓仫佬族人生存发展的记录，也是仫佬族文化与汉文化沟通交融的明确证据。

祠堂是宗族的圣殿、血脉的源头。那些远去的背影，数百年来，洋洋如在。中石银姓很重视祠堂的建设。他们的祠堂一般都是三进三开间，加左右两厢，建筑面积大约有300平方米。前两进作为议事、集会之用，后进置神台。祖先牌位上刻有银姓历代先祖考妣之位、灶君之位、土地之位和梁吴二帝、依饭公爷及白马娘娘之位。八冬祠堂的左右墙上还设有至圣先师孔子和文字始祖仓颉的牌位，体现了银姓子弟尊师重教的优良传统。祠堂大门两侧刻有意味深远的对联："先祖奠宏基德重功高绵百世，后人昌伟业文韬武略衍千秋。"

冬祠是一个私密的所在，家族内的事情不会轻易对外人讲，这是宗族和家族的隐私，外族不得窥探。祠堂里面的祖宗牌位、灯盏、香炉等，神圣不可亵渎，非本族或本冬之人不得触碰，否则就是对祖宗的不敬。

祠堂的功能首先是追念祖宗，感恩祖德，其次是商议宗族大事，如清明祭祀、制定村规民约等。每年的农历七月十三日，银姓都会在祠堂祭祖，名为过"祖宗节"。2024年的祭祀活动在五冬祠堂进行，每个屯来一人作为代表。活动的主要内容，一是公布当年清明节开支情况，推选下一年清明节的头人，并移交相关结余款项；二是讨论确定下一年的文化活动，如依饭节等；三是按照"蒸尝田"古礼，当众宣布当年优秀学子，并给予一定数额的奖学金；四是讨论公益事业规划；五是解决邻里纠纷。这样的祭祀活动，具有明显的现实功能，同时也可以促进各冬之间的人员交流，拉近宗亲间的距离。

仫佬族各冬均有订立族谱和字辈的传统，一祖数宗，一代一宗，后代子孙按字辈诗起名，不得错乱和僭越，规矩守得相当严。中石银姓也不例外，四冬、五冬、八冬的字辈排序并不相同，各冬有各冬的字辈。兹录如下：

四冬的字辈诗："文章亨道法，志大萃恩廷；济佩如良玉，安敦应景星；邦家恒富有，世代兆咸宁；运化连庚甲，立朝启丙丁；期尊宜守素，欲显贵明经；最重惟三品，怀奇自曜灵。"

五冬的字辈诗："文宝法朝明，前如青超天；上玉永祖宽，启广春维联；汉作珍宏伟，大有展贤能；泽长修俊业，福厚创豪英；恩光延万代，德远祝丰盈；承宗书立志，思源定康宁。"

八冬的字辈诗："才明福社会，文承济正修；秉现治超庆（心），家世联芳兴（美）；华丰增广茂，富有兆康宁；学业必壮举，书香显朝廷；善良守信念，武卫建功勋；毅力昌禄寿，万代齐登钦；月亮恩长保，鸿运启耀灵；勇冠江河海，全享太平春。"

三个冬的字辈均有不同的版本，甚至本冬的新旧族谱所录的字辈诗也不一致。这是银姓后人对字辈不断进行修改和完善的结果。

吴、杜、祝、徐四姓居住在新辽屯，因为是汉族，且各姓人口较少，均未建祠堂。陈猛屯的罗姓则归属于县城南面大罗屯的罗氏祠堂，每逢宗族举行大型祭祀活动，他们都得回原籍参加。其余各屯的银姓均为四冬、五冬、八冬的分支，归属不同的冬，每逢大型祭祀活动，他们都会回各自归属的祠堂参加祭祀。

中石银姓四冬的祠堂正堂中央除了安放先祖牌位，两边的厢房还分别供奉着孔子和真武大帝的神像。把真武大帝与至圣先师孔子一同供奉在堂，说明真武大帝在银姓族人心目中有着神圣的地位，这里头还有一段故事。

据银姓族谱载，中石大银村曾经因为财产纠纷，与邻村打官司。当时的罗城知县在公堂上极力偏袒另一方，作为中石银姓诉讼代表的银大孚败诉，还被撤销了岁贡生的功名。银大孚不服，告到省府。从罗城去往桂林省府，路途遥远，到达省府走路需要几天的时间。这天，银大孚走到半途，天下起了雨，再加上天也快黑了，他又冷又饿，所以当看到路边有一座真武庙时，他便到庙里寄宿。当天晚上，银大孚做了个神异的梦，梦见真武大帝来到他身边，对他说：明天你到公堂告状，公堂前有十面大鼓，其中有九面是虚的，一击即响。只有一面是实的，任你怎么击打它都不响。明天只要你击打第五面鼓，就能赢得官司。梦得如此真切，银大孚被惊醒了。他点亮油灯，四处查看，却一个人影都没有。但是，梦中情形在银大孚脑中异常真切，仿佛就在眼前。后来银大孚前往公堂，按照真武的提醒，击打第五面鼓，果然如真武所言，那鼓并未发出声响。就这样，在真武大帝的帮助下，银大孚赢了官司。

中石仫佬族人因此对真武大帝感激不尽，认为真武大帝是公平正义的化身，是银姓家族的恩公。于是，他们不仅在祠堂里供奉真武，还在村头建庙供奉他。现在，在乌猫村头的山腰处仍有一座真武庙，每年农历五月初五，人们都会备好三牲来到这里祭拜真武大帝。

仫佬族除了通过族谱、家谱维持本族、本宗的血缘关系，还通过墓碑镌刻家族迁徙过程和世系分派的方式，维持家族成员间的血缘关系。中石银姓仫佬族“联宗祭祖”的宗族活动，就是这种传统的现实体现。联宗祭祖活动通常选择在清明期间进行。除各家各自祭扫祖坟之外，各冬还要组织联宗祭祖，仫佬族叫“上众人坟”。这项活动由五六个（多的十几人）“祭祀头”（会首、首事）来牵头组织，所需费用过去来自“蒸尝田”的田租，现在没了“蒸

据说，真武大帝帮助银氏祖先打赢官司，于银氏有恩，故中石银氏在村头建有真武庙，祠堂里供奉着真武大帝的神像，以示对真武的虔诚感恩

尝田”，每年由各家各户捐款。

祭祀当日，因为祖坟太多，全冬男女老少分头行动，分别前往祖先墓地，杀猪，杀鸡，办酒菜，祭祖先，然后就地摆桌或席地而坐就餐。这一天，不管家境好坏，也不管路途远近，各家各户都会拖家带口来到祖茔前祭拜祖宗。祖茔前，人头攒动，锣鼓声声，热闹非凡。他们利用这个机会，向后人讲述祖宗的功绩恩德、逸闻趣事、世系分派、亲疏远近、伦理道德和生活准则，教育后代要诚实做人、虚心好学、勤俭节约、助人为乐。同时，仫佬族人还会利用这个机会讲解族规族训、家训，教育后人保持敬畏之心，涵养崇善之德。要是宗族或家族成员中有人违背族规族训，败坏门风，辱没祖先，就会被视为逆子劣孙，会被族人指责，甚至被赶出宗族，永远不得回归。仫佬族人通过这种方式告诉后代“国有国法，家有家规”，让后人懂得族规是“修身之要，齐家之本”，懂得“人心由此而正，风俗由此而醇”的道理，从而做到不吹（吸毒）、不殴（打人）、不妄（肆意妄为）、不诓（欺骗世人）、不逆（忤逆长辈），等等。

从某种角度上讲，这就是仫佬族的“感恩节”和“道德讲堂”，这就是他们清明扫墓时带上小孩的根本原因，哪怕就是背着、抱着、挑着、扛着，也甘之如饴。

每次联宗祭祖活动结束后，太阳架山，夜幕将合，人们各自归家，路上行人络绎不绝，欢声笑语，响彻春天的旷野。

渡尽劫波银氏在

“咸丰丁巳盗桓桓，避难来迟有校官。评史离经经两载，俨将室石作骚坛。”这是清代一位名叫廖觐光的底层军官题在呼迎岩石壁上的诗，写的是中石银姓四冬、五冬族人到呼迎岩躲避战乱和匪患的事。

据罗城县志和银姓八冬族谱记载，清顺治和咸丰年间，罗城县城附近的大银村遭遇了两次大的劫难。

第一次是顺治十二年（1655年）十一月，盘踞于柳州、庆远两府的“龙督爷”（龙韬，自称义宁伯）暴征粮税，横行乡里，残害百姓。银姓八冬仫佬族人（其中有极少数四冬、五冬族人）为避匪患，躲进距离中石村约7千米的呼暮岩（为仫佬话音译，又作呼墓岩、乌木岩）中，被“龙督爷”以火攻岩，导致数百人被毒烟熏死。

这数百罹难的族人，原本散葬于把得山脚银姓八冬始祖墓园的77座丘坟中。1969年因国家建设的矿山铁路穿过银姓八冬始祖墓园，银姓族人便将在顺治十二年罹难的葬于44座丘坟中的百余位族人的遗骸收拢，迁至始祖墓南面约 10 米处合葬。2023 年，又在余下 33 座散乱的丘坟上，加堆封土，合为一个大墓，并立碑纪念，供后人凭吊、祭祀。

第二次是咸丰九年（1859 年），八冬仫佬族人为避匪祸，又躲进呼暮岩中。十月初六日，土匪用毒烟熏岩，有数百人罹难于岩中。

光绪十九年（1893 年）仲冬，大银村银姓众会首商议后，发动村民将岩内遗骨移出，合葬于呼略屯前九头将军山北隅的义冢内，并立碑纪念。银氏先祖义冢碑由主碑、碑帽、碑座和碑墩石组成，整碑通高 1.46 米。主碑高 1.06 米，宽 0.62 米，厚 0.08 米；碑帽宽 1.06 米，高 0.4 米；碑座长 1.1 米，宽 0.27 米；碑墩石宽 0.2 米。义冢碑的形制很特别，与我们平常见到的墓碑有所不同。它的主碑呈长方形，碑帽则呈等腰三角形，钝角朝上，如一枚坚硬而锐利的箭镞。从远处望过去，整块碑像一支直指苍穹的利箭，似乎随时都会破空而去。

主碑正中阴刻“义冢”两个大字，两侧边缘镌刻着这样一副对联：“义起同人深惨一岩兵燹劫，冢欣既济永安众魄壮山阳。”“义冢”二字左侧刻有“此冢系乌木岩于咸丰己未年被石匪火攻，毙命数百余口，今众会首概将一岩枯骨葬埋此处”的简洁碑文，只记事，不发声，冷峻而奇崛。右侧刻着立碑的时间：“光绪十九年十二月十二日立”。碑额“得其所”三个大字，既是对逝去亲人的虔诚抚慰，也是对后世子孙的心灵疗伤，读来让人感慨。

先后遭遇两次悲惨事件，八冬族人九死一生，人丁零落。时至今日，百余年过去，中石银姓各冬人口，四冬最多，五冬次之，八冬最少。

碑文所称的“石匪”为何人，没有明确的史料记载。根据银姓老者的讲述和对历史背景的分析，“石匪”有可能指的是石达开。太平天国运动发生在清咸丰元年（1851 年）到同治三年（1864 年）之间，是 19 世纪中叶中国最大的一场大规模反清运动。同治三年（1864 年），太平天国首都天京（南京）陷落，运动失败。

石达开是太平天国运动的主要将领之一，以军事才能和政治智慧著称。生于道光十一年（1831 年），同治二年（1863 年）兵败，被清政府凌迟处死。

“挺身登峻岭，举目照遥空。毁佛崇天帝，移民复古风。临军称将勇，玩洞羡诗雄。剑气冲星斗，文光射日虹。”这是咸丰十年（1860 年）四月石达开在宜州的北山（会仙山）与十来位部将相互唱和的诗，这首题为《白龙洞题壁》的诗充分展示了石达开的豪情壮志和对未来的憧憬。

银姓八冬族人遭难的时间与石达开在宜州、罗城一带的活动时间是吻合的，但至于是石达开士兵所为，又或者是盗匪趁机发难，不得而知。

据民国《罗城县志》记载，清咸丰末年，太平天国将

弥漫着悲悯气息的中石八冬义冢

领李文茂进驻柳州，以部属孙子麟为罗城知县，以邑绅卢永祯为城守，改县名为朝阳县。然而，没过多久，县城失守，李文茂退出柳州，孙子麟因孤立无援，亦弃城而去。到了同治初年，朝阳县又复为罗城县。邑人朱小日见清吏复来，乃慨然曰："吾罗久入天国版图，何堪使犬羊又来混迹！"遂登高一呼，聚集数千乡里健儿，约期起义。无奈行事不密，被人侦知，被清兵进剿，起义失败。

呼迎岩和呼暮岩都在中石村北面，且都异常隐蔽。四冬、五冬借助呼迎岩成功地逃过劫难，而呼暮岩却未能保护八冬族人周全，叫人唏嘘。在当地文史爱好者的带领下，我曾分别深入呼暮岩和呼迎岩。在呼暮岩中，当几块色泽金黄的人体胫骨出现在我们眼前时，空气在那一刻瞬间凝固，众人一脸肃穆。随后，我们怀着虔诚而敬畏的心情，在紧靠洞壁的地上挖了一个深坑将遗骨掩埋。

在中石的把得山脚下，有一块重建清顺治年间呼暮岩惨案合冢纪念碑，上面说："地方民间史传，每逢祸乱，我族都有义士挺身而出，扶弱安危，不辱使命，稳定一方。"根据这些文字，我们可以得知，中石银氏急公好义，勇于担当，全力协助官府维护地方治安。

中石银姓八冬在历史上两次罹难，家族人口锐减。然而坚韧顽强的银姓八冬仫佬族人，走过了人间的苦难，创造了家族生存发展的奇迹，让人动容不已。

每年清明节，中石银姓族人都会组织八冬、四冬和五冬的后人，集体祭祀义冢，以告慰那些远逝的亲人。

营建家园

▼『又在哪时开基脚？又在乜时安石基？你若得知讲我听，新起大屋用乜时。』

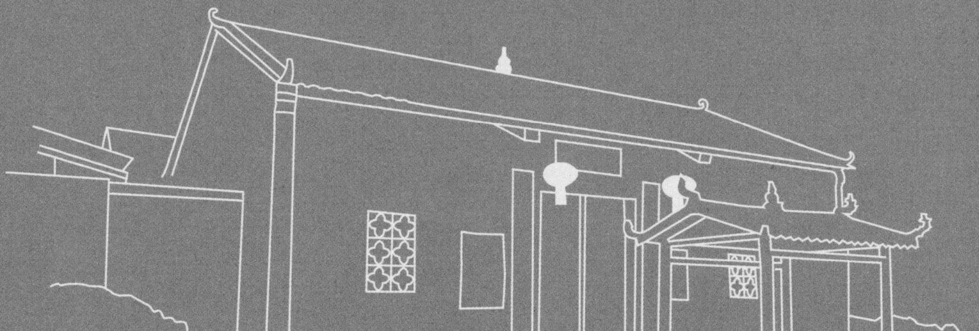

起座房子

“有能弄菜先杀鸡，有能上楼先架梯，有能起屋先办木，有能行砖先踩泥。”这首仫佬族古歌唱的是起房子的准备工作。因为起房子是人生大事，日常起居，生老病死，都与之息息相关，所以不能潦草从事，得打起十二分精神，做好心理和物质上的准备。比如要在起屋的头年养一头猪，备好足够的桁条和瓦角，打制好一定数量的砖块，预定一窑瓦片和青石门槛，等等。万事俱备之后，就可以在“利”的年份起房造屋了。村人起房子讲究“利”的方向，由地理先生测算确定，每年都有可能发生变化，比如今年“利”南北方向，明年就可能变为“利”东西方向。

中国人讲“五材”和“五德”。“五材”指的是五种物质：金、木、水、火、土。这“五材”在古代又对应五种德行：勇、智、仁、信、忠。这些德行被古人视为社会的道德规范和个人的行为准则。

“天生五材，民并用之，废一不可”“所谓五材者，勇、智、仁、信、忠也”，《左传》和《六韬》中的这两句话，在深受汉文化影响的仫佬族人观念里根深蒂固。所以，仫佬族人在造屋材料的选择上，严格遵循“五材”“五德”的古老规矩，就地取材，践行“天人合一”的理念。起房造屋所需的瓦片、砖块、桁条、瓦角、青石门槛的原材料，都来自大自然，这体现了仫佬族人一种原始的生态观，以及淳朴的生存观。

以前，中石有钱人起房子，房子的坐向大多坐北朝南，房子的东西山墙（承重墙）采用的是“金包银”（也叫“青包金”“金包土”）的方式砌墙，具体砌法是外层平砌 7 厘米 ×12 厘米的青砖，中间平砌 30 厘米 ×12 厘米的泥砖，形成厚度为 37 厘米的“三七墙”。而南北山墙则用泥砖两块平砌，形成 24 厘米的“二四墙”。青砖都是用山上的树枝、茅草烧制的，无需砍树；而泥砖在踩泥时会混入禾秆草、瘪谷或谷壳，并在制砖时加入竹片（其作用类似于现在的钢筋），以增强它的韧性。砌墙用的灰浆很特殊，是将石灰、棉花和蒸熟的糯米饭，放到舂坎里舂，使之成为黏度很高的黏合物。用这种浆砌墙，干透之后浆与砖死死地粘连在一起，牢固异常，凿都凿不开。普通人家没有那么雄厚的经济实力，一般都是用普通泥砖或烧制大砖砌成的“二四墙”，用的浆也是黄泥浆。盖好的房子，在形制上与有钱人家的差不多，但有钱人家盖的是青瓦，普通人家盖的房子则没有这么豪华。两种房子的坚固程度，自然也不可同日而语。

中石群众还会烧制一种大号的火砖，长34厘米，宽24厘米，厚12厘米，一块能顶五六块普通火砖。因为这种砖掺有煤渣，进窑烧制后十分坚硬，村民建房很乐意用这种大号火砖，砌起来省钱又省时，而且坚实牢固。由于大号火砖一块有三四十斤重，搬运不易，后来村民起房用的基本上是7厘米 ×12厘米的小块火砖，砌成“二四墙”或“幺八墙”，这种笨重的大砖便退出了中石的建筑市场，被人丢弃或用来砌菜园的围墙。

中石仫佬族人起房子有很多讲究，比如在大门门槛底部正中放5枚铜钱，中间1枚是“阳”（即将有“× × 通宝”字样的一面向上），两旁4枚均为“阴”（即将无字一面朝上）。也有中间为“阴”两旁为“阳”的摆放方式，但铜钱必须是单数——5枚或7枚。比如房屋正面墙壁的砖块（泥砖或烧制的大砖）不是31块，就是32块。也就是说，用“生老病死苦”的口诀循环念，最后一块砖必须落在“生”或“老”上，绝对不能落在“病”“死”“苦”三字上，否则就会被认为不吉利。

“又在哪时开基脚？又在乜时安石基？你若得知讲我听，新起大屋用乜时。”“吉日吉时挖基脚，又在卯时安地基。我就将言报你听，先起大屋用卯时。”正如山歌所唱，仫佬族人在正式起房之前，有三个程序得走：一是“定课”，二是“开墨”，三是“安角”。就像轮船出海得事先定好航线一样，图吉祥，求平安。

仫佬族传统民居基本上都是悬山式屋顶，屋檐下面都有“挑手”。普通人家是一挑出檐，富裕人家是二挑出檐，大多雕刻着寓意吉祥如意的动植物图案。最上面的一根为一挑，中间略短的是二挑，连接一挑和二挑的名为瓜柱，最下面的是“象鼻牛腿”，起装饰作用，寓意“太平有象”

“定课”就是“定方向”，需提前半年或一年请地理先生来“定课”。正如山歌所唱：“先起大门后起屋，问你大门几字书，罗盘又是如何定？又是谁人来看书？”“先起大门后起屋，报你大门四字书。罗盘又是照书定，鬼谷先生来看书。”“定课”之日，地理先生先是在宅基地上架罗盘，拉红线，定四至，接着掐指算出建房的具体日期和房屋的坐落方向，最后用红纸开具“课书”，交给主家，并叮嘱主家严格按照“课书”行事，不得违拗。

“开墨”就是按照地理先生“课书”上定的日子办一桌酒席，邀请木匠师傅来家里吃一餐饭。在入席之前，木匠师傅将墨斗、角尺、锯子、斧头、錾子等摆在饭桌边。同时，主家也要拿来一只活公鸡、八尺黑布，与木匠师傅的工具摆放在一起。随后，主家点香祭拜，告诉祖先，今年家里要建新房了，请祖宗保佑一切顺利，平平安安。祭祀仪式结束后，木匠师傅便打开墨斗，在一根事先选好的木料上打上一条墨线，表示木工活正式“开墨”。“开墨”之后，主家随时都可以请人做木工活，不需要再看日子，直到房子建成。

“安角”，用现在的话来说就是“奠基”，即在地理先生的指导下，在屋基的四个角安上一块石头，每块石头下面放一枚铜钱，以图吉利。“安角”之后，主家便可以随时请人“走砖”砌墙，起造屋子，不用再选日子。

过去在农村，起一座房子到底需要多少材料？仫佬族古歌里有完整的答案。《起屋歌》以男女问答的方式唱道：

男　起脚石头用几个？一座大屋几千砖？

　　当众在恒问过你，山字立人问你仙（先）。

女　起脚石头用四个，一座大屋五千砖。

　　当众在恒报你听，山字立人报你仙（先）。

男　好花根，几个亮窗几个门？
若是得知讲我听，永世不瞒你两人。
女　好花根，四个亮窗七个门。
当众在恒报你听，直八相连报你真。
男　屋脊又盖几多瓦？一座桁条几多根？
你若得知讲我听，也算你俩有真心。
女　屋脊又盖万二瓦，一座桁条六十根。
我就将言讲你听，想起大屋你放心。
男　瓦角又用几百块？一座大屋几多钉？
我又当场来问你，你若得知讲一声。
女　瓦角又用二百块，一座大屋六千钉。
我若不讲你也晓，千祈莫要来争赢。

这样的《起屋歌》，把一座房子所需的各种材料唱得清清楚楚、明明白白。就是没有任何起房经验的人，只要照着歌里所唱的去准备材料，也能造起一座房子。仫佬族人的聪明睿智，由此可见一斑。

在农村，起房是人生大事，村里的兄弟都会过来帮忙。这种帮忙完全是自愿的，不收取任何报酬，主家只要安排伙食即可。仫佬族人把这种不请自来的劳动叫作“帮工”，就是今天你帮我，明天我帮你，弥漫着浓浓的人间温情。

“不用妹请我也帮，你挑砖来我砌墙。左边砌起龙出海，右边砌起凤朝阳。”这首山歌所唱的就是仫佬族农村相互“帮工”的情形。可以这样讲，仫佬族人的每一座新屋，都是在互助互爱的温馨气氛中落成的。

房子的四面墙砌好后，就要上梁。上梁是一件正式而隆重的事情，主家用自织“家布”做成的背带系住梁的两端，由叔伯兄弟将梁抬上山墙顶端，拉线校准，摆正固定，并在大梁两端底部各放一枚铜钱，叫作“垫梁”。主家还要在大梁正中央挂上一块红布，并在红布上挂上稻穗、高粱穗、小米穗和三角粽，寓意日子红红火火，祈求年年五谷丰登。一切准备就绪之后，就要举行“走山”（也叫“煞宴”）仪式了。

在师傅“走山”之前，主家事先将自己种的谷子、自家织染的黑布以及秤杆、算盘、纸币、硬币放到新屋中堂楼上。上午八九点钟，太阳从东方升起，祥光盈屋，主家拿来鸡、猪肉、猪头、香纸、蜡烛和鞭炮等物品，在即将盖瓦的新屋中堂进行祭祀。祭祀时，主家会邀请“六房”内的叔伯兄弟和亲朋好友齐聚新屋四周。时辰一到，穿上新衣新鞋的工匠师傅便手抱雄鸡，登上山墙，绕屋走一圈。每走到一面墙的边缘，工匠师傅都会一边拍打公鸡，一边撒钱粮，主家和亲友在堂屋下方抢接，接得越多福气越多。师傅高声念唱“走山词”，并与主家一问一答。“一把白米撒新堂，荣华富贵建新房！日吉时良，天地开张，乾坤定造，四处飘香……”

念唱完一段，师傅就问主家：“主家要富还是要贵？”

主家答："富贵一起要！"众亲友则高声应和："富贵双全！"此时，人头攒动，声震屋瓦，气氛异常热烈，把"走山"仪式推向高潮。

问答完毕，师傅接着朗声念唱："主家一要双全富贵，二要子孙满堂，三要三元及第，四要四季健康，五要五子登科，六要六畜兴旺，七要七男三女，八要八方来财，九要长久富贵，十要十子团圆，十一要天长地久，十二要地久天长，富贵荣华，代代荣昌！"

接着，师傅先拍一拍怀中的公鸡背，使得公鸡"咯咯"叫，然后继续念唱："左边公鸡叫，右边凤凰啼，左青龙，右白虎，六庙社王管下，手捧雄鸡是凤凰，凶神恶煞走别方，若有凶神恶煞者，总在雄鸡头上当。"再拍一拍公鸡头："手拍公鸡头，儿孙代代出相侯。"又拍一拍公鸡尾："手拍公鸡尾，儿孙代代来累累。"最后，小结性地唱道："天开扬，地开扬，鲁班师傅转朝扬，请接我鲁班师傅，下天堂！恭——喜——"师傅这是告诉房主，你的房子我帮你做完了，我要转到别家去起房子了。随后，师傅绕到中堂右侧，一边念唱一边依照一定的顺序，将主家事先放在中堂楼上的谷子、布匹、秤杆、算盘，以及砌墙用的墨线、砖刀、角尺等工具放下山墙。主家面带笑容，一一接住，摆放在厅堂正中。师傅接着又唱道："青龙送财送宝到家堂，财宝下山墙！主家双手接财宝，儿孙代代用不完！手拿雄鸡似凤凰，请问主家在场不在场？请接师傅下山墙！"主家便恭恭敬敬俯下身子把师傅背下山墙。此时，等候在新屋四周的亲友，燃放早已准备好的鞭炮。在噼噼啪啪的鞭炮声中，亲友们争先恐后拥进屋内，恭贺主家，大吉大利。

至此，整个“走山”仪式宣告结束。

师傅下山墙后，在场的村里帮工、亲朋好友分工协作，把桁条、瓦角搬上屋顶，按照规定尺寸摆好，钉牢。然后，

中石传统民居的门槛、门墩雕刻精美，赏心悦目，有麒麟、凤凰、梅花鹿、仙鹤、水鸟、菊花以及金钱、书卷等图案，是一座房子的门面

屋下递瓦，屋上盖瓦，瓦片在人的手里，上下翻转，俯仰（阴阳）交替，从屋檐到屋脊盖满屋顶。无需多长时间，整座新房便在众人的通力协作下宣告落成。

一座房子从起工到完工，有一样东西是不能缺少的，那就是青石。屋基是用青石砌成的，而且还砌得比较高，目的是防止水泡墙根的泥砖。门槛是用青石做的，正屋的大门、后门、中门以及 4 个房门都设有青石门槛，一共 7 条。天井是用錾得平平整整的青石板铺的，它们首尾相接，一块接着一块，拼在一起，显得坚实而古朴。下雨天人走在上面，双脚干干净净，不会沾上一丁点泥星。还有门楼门、厨房门甚至猪栏门、牛栏门都是用青石做的。

在这些门槛当中，大门门槛是最高的，它大约高出地面 40 厘米，而其余 6 条门槛只高出地面一点点。与门槛相连的是青石门墩，它是仫佬族民居大门的重要组成部分。夏日的夜里，家里的小孩争着坐在门墩上，仰望星空，听大人讲七仙女、牛郎织女和熊变婆的故事。久了，这石墩就被磨得光滑油亮，能照见孩童天真的脸庞，映照着天上的云朵。

仫佬族人房屋的后门也安有青石门墩，每一块石墩，都朴实、端庄、稳重，只是比大门的门墩要小一些。

从门墩、门槛的大小、高低和雕刻的纹饰，可以看出一个家庭的经济实力、社会地位和文化底蕴。门墩上雕刻着各种各样的吉祥图案，这是仫佬族人美好愿望的一种寄托和表达。麒麟寓意吉祥如意；凤凰寓意飞黄腾达，一鸣惊人；梅花鹿寓意高官厚禄；仙鹤寓意长命百岁；水鸟、荷花寓意洁身自好，和谐宁静；金钱寓意招财进宝，财源滚滚；菊花寓意凌霜不凋，意志坚定；书卷寓意耕读传家的优良传统。

房子建好了，主家还要举行一个进新屋的仪式，给工程添上一抹光鲜亮丽的色彩。首先是选择吉日请法师（法师是仫佬族民间对做依饭等民俗仪式的师傅的称呼，也叫道师、道公、师公、先生等）来做法事，安放祖宗牌位，设置香炉，请祖宗进新居。新屋正堂要燃起一盆炭火，这盆炭火要一直燃到天亮，中途不能熄灭，预示往后的日子红红火火。家里的重要物品如油盐柴米和新添置的家具都要贴上红纸，用新箩筐装上，由年长者挑着，率一家人在夜深人静的时候进新居，路上遇见人不能打招呼，不能回头看，否则就被认为不吉利。进新屋时，主家站在大门口，手中拿着一个大簸箩往屋里用力滚，寓意财源滚滚。

有一样东西主家不能不提前准备，那就是黄荆材。主家在进新屋的当天，要到山上砍来黄荆材，截成 30 厘米左右长短，然后捆成两小捆，贴上红纸，进新屋时放在香火台上，寓意财源广进。

进新居的第二天，亲朋好友挑着米担，拿着花红彩礼，燃放鞭炮，放冲天“地雷”，祝贺主人新居落成，一起饮酒对歌，热闹非凡。当晚，人们还会通宵达旦地唱过夜歌，祝贺主家喜迁新居。

客人唱　唱支山歌贺主家，新居落成人人夸。
饭热菜香酒又美，勤俭为本好当家。
主人答　新居落成喜洋洋，多亏兄弟来帮忙。
菜少酒淡对不起，兄弟请你多包涵。

一座新屋从筹备到起造再到入住，到这里算是全部完成，预示着主家的美好日子就此开始了！

现在中石仫佬族村民已经告别了砖木结构的房子，大多改成了钢混结构的小洋楼。虽然外观改了，但很多规矩并没有改。比如新居落成后，“新房酒”是要做的，外婆那金钱树一样漂亮的花红是要送的。这是一种传统的延续与传承，也是一种情感的留恋与牵挂。

布置家堂

中石仫佬族传统民居，绝大多数为独门独院。门楼之内，有正屋，有天井，有厨房，有猪圈，有牛栏，有鸡舍——农家的日常生活所需，在这里一应俱全。

房子的屋顶呈“人”字形，正面墙壁有两种形式：一种叫“平水”，大门与墙面在同一平面上；另一种是大门所在墙面往后回缩 38 厘米左右，前沿形成 6 个直角墙体，像一个巨大的“凹”字，老百姓把它叫作“六神”。这种房子格局是按照“财病离义官劫害本”的八字口诀来安排的，有着严格的规定，不能乱做改动。一座房子占地多少，长多少米，宽多少米，都得按老祖宗定下的规矩来，由不得你自作主张。比如“横财直义官坐中”就规定了房子的长、宽和厅堂的尺寸，即房子长和宽的尺寸要分别落在鲁班尺的“财”字和“义”字上，而厅堂的长和宽要落在“官”字上。虽然现在起的是小洋楼，但主家同样要遵循这个规定。这些观念已深深刻入了人们的心里，成了民间一种约定俗成的自觉行为。

仫佬族很重视门楼，门楼与正屋、天井、厨房是一个有机的整体，缺哪样都不行。“千斤门楼四两屋”这句俗话在罗城得到了彻底的运用。门楼与正屋，朝向并不一致，这与仫佬族人相信风水有关。地理先生说哪年“利”哪个方向，门楼就朝哪个方向建，图的就是平平安安，大吉大利。

“好花根，四个亮窗七个门。当众在恒报你听，直八相连报你真。”传统的仫佬族民居，正屋建筑样式与周边的壮族民居相差无几，一般都是上下两层的楼房，面阔三间（俗称“三空头”），二层，二厅，四房，七门，八窗。

楼下的空间分为前后厅，两厢分前后房，有大门、中门、后门、房门共七扇门，一房一窗，共四扇窗。楼上两厢不砌隔墙，一厢一门，前后各开一窗，共二门四窗。每扇门窗的高度、宽度，都有固定尺码，称为“鲁班尺码”，不得随意更改。一楼的窗不装窗扇，而用立式木质窗栅，内外两层，可以左右移动从而采光或闭合遮光。二楼的窗子比一楼的窗子规格要小，用于通风和采光，无需关闭，镶木质窗棂。

中石仫佬族的居室，内外有别，绝对不能搞混。前厅左、右二厢房称为“厅房”，左厢房最大，给家中的长辈即祖父祖母居住，右厢房给第二代即父母居住。所谓“敬老得福，敬田得谷”，尊老是习俗，也是美德。后厅左右二厢房称为“花房”，分别居住男女后辈。中门紧靠正堂右墙开，

仫佬族传统民居多为“三空头”，白墙青瓦，门槛、门墩均为青石所制，天井亦用青石铺就，大门口砌有青石台阶，光滑洁净。山墙顶部通常绘有精美的动物和花草图案，赏心悦目

不能正对正门和后门，否则就会出现“穿堂风”现象，仫佬族人认为这样会纳不住财，人畜不宁。过去，门楣上通常会贴有“止步扬声”“中门止步”的红纸黑字横幅，一般宾客非经邀请不得逾越。要是有客来访、投宿，那就得遵守“男迎男，女迎女，长迎长，幼迎幼”的待人接物之道，不得擅自改变，这样才显得礼貌得体、热情周到。

正屋楼上两厢房，一般不住人，多用于堆放谷物、农具等其他杂物。只有家庭人口多的人家才安排男孩上楼居住。后厅安放一架楼梯，以便平日上下楼。这种楼梯在仫佬族和壮族地区很常见，它用宽大的木板制成，也叫“大板梯”，人们日常可以挑担上下，如履平地。

仫佬族聚居且习惯烧煤的东门、四把一带，人们通常会在正门的左边或右边，安排一个烧煤的地炉，炉有炉膛、炉桥、炉口，以及出渣池，讲究的人家还会就地取材，在正方形的炉口和出渣池上，镶一块用青石凿磨而成的炉沿，平滑光洁，自带几分贵气。地炉旁窖下一个水缸，日常灌满凉水，借助地炉的热量给水加热，日常家用热水特别方便。

对于自己的居住环境，仫佬族人是格外爱惜的。猪圈、牛栏、鸡鸭笼，都设在与正屋分开的门楼下，中间隔着天井。门楼上堆放猪牛过冬用的薯藤、稻草等饲料。而厕所、灰粪房（俗称“灰寮”）一律安排在巷尾甚至屯外，以保持人居环境的空气清新，有利于人的身体健康。

仫佬族人家大多都置有一副石磨，它或大或小，或轻或重，但绝对经济实用。每一副石磨都不是一家专享，而是几户共用。石磨用青石雕琢而成，平日里用来磨大米、玉米、三角麦、黄豆等。逢年过节，家家户户都要做糍粑、豆腐、粉蒸肉、白糕，石磨就日夜不停地旋转着。在石磨呼呼的旋转声里，流淌着的是仫佬族人世世代代的生活蜜汁。这是快乐的旋转、幸福的旋转，一年四季，世世代代，永不停歇。稍微上了一点年纪的人都说，现在用机器磨出来的东西，就是没有原来那种味道。

仫佬族人厨房里置有青石水缸，大小不一，或圆或方，一半在厨房内，一半在厨房外。厨房里的一半方便做饭时舀水，外面的一半方便挑水回来时倒入，可谓极尽巧思，别出心裁。每天的清晨或傍晚，人们用木制的水桶，把水从村头的水井或水沓（罗城方言，指泉眼）里挑回来，灌满水缸，一家人的日常饮用水便有赖于此。这是一种朝夕与共的相依。

屋子前厅和后厅的隔墙和左右山墙，是邻居和客人一进门就能看到的地方，是一个家庭的门面。因此，主家通常用草筋、纸筋和粉白石灰一丝不苟地批搪，墙脚 1 米处的墙段用烟墨涂黑，然后用粗棉线压成一排排的火砖形状，使得整个墙面光滑洁净、美观大方。

前后厅隔墙的上段设祖先神龛，是供奉列祖列宗用的，俗称香火台。香火台上供奉着“天地君亲师”和“司命灶君”“兴隆土地”的神位。三座神位都会贴上“绵世德莫如为善，振家声还是读书”“有德能司火，无私可达天”“土中生白玉，地内出黄金”等对联，一进门就能看到，显得庄严肃穆、端庄气派。此外，通常都会在香火台中央部位的顶端明确写上堂号，如“河西堂”“豫章堂”等。隔墙下段是自由发挥的空间，由主家自由挥洒。通常会安排一张长条形的香几桌，用于放祭祖用的香纸、蜡烛。香几桌下安排有一张供祖宗用的八仙桌。八仙桌下还有一张小方桌，作节日供天地和日常吃饭之用。以前，人们会在墙上贴领袖标准像、马恩列斯像等，这是人们发自内心的朴素阶级感情和对领袖的崇敬爱戴之情的一种表达。此外，这面墙上还会挂上已经过世的曾祖父、曾祖母、祖父、祖母的遗像，让他们能够“洋洋如在”，时刻凝视着阳居的子孙，保佑他们都能过上好日子。当然，这面墙上还有挂钟、镜屏、相框、学生奖状之类，既是装饰，也是记录和怀念。要是家里有个参军的人，作为家庭的荣耀，这面墙上会贴满他英武的戎装照。有些人家还会在左右墙上贴上十大元帅、十大将军的军衔正装照，以及一些歌星、影星的照片。两边墙脚则各安排一张雕刻着精美图案的长凳，俗称“春凳”，长约2米，宽约0.4米，高约0.5米，可以同时坐六七个人。家里要是来客人，就会并排坐在这春凳上拉家常，场面特别温馨和谐。“春”在罗城地方话里有伸直、拉伸的意思，劳动一天，累了，来到春凳上“春”一下腰身，是一种很不错的恢复体力的方式。

正门是一个家庭的主要通道，仫佬族人会在青石门槛上安两扇两寸（6.67厘米）厚的木质大门板，门背安有门闩以及锁死门闩的插销。晚上休息时，一下插销，门外之人便无法进入。最有特色的是，仫佬族家庭通常会在正门安上一个一米多高的木栅门，又叫作“腰门”，开大门时就关上腰门，既可通风透气，又可拦鸡拦鸭，大人忙家务无暇看管小孩时，这个腰门还可以用来限制他们的行动，不让他们跑出门外，真可谓极尽巧思。

过去，家道殷实的人家会用青砖来起房子，普通人家就自己打制泥砖。尽管房子简陋，但也会敝帚自珍。他们用石灰混合细砂捞浆，批搪房屋内墙，让墙面光洁明亮。大门外屋檐下方的墙面，会批上一段约 40 厘米高的光洁墙段，然后请画工绘上各种图案，内容有日月星辰，有花草树木，有飞鸟虫鱼，有龙凤仙鹤，有梅花鹿，有麒麟，有锦鸡，有蝙蝠，有云朵。它们或是黑白涂抹，或五彩勾画，均活泼灵动，惟妙惟肖，让本来泥墙土瓦的房子变得美丽而大气。

经过如此一番精心布置，仫佬族人所居住的房子，从院内到院外，从室内到室外，能够常年保持干净整洁，让人赏心悦目。

到了今天，除了建筑材料进行了更新换代，其余的并没有多大改变。比如神龛是必须有的，“天地君亲师”“司命灶君”“兴隆土地”一样都不少。门楼是必须有的，天井是必须有的，只是材质和式样略有更新罢了。生活换了衣装，日子改了配方，但家庭的温馨还在，浓浓的亲情还在，年节的鞭炮声还在，对美好未来的憧憬还在！

人生祈愿

仫佬族村寨边上的庙宇，不一定高大华丽，一块或几块青石垒在一起，就是神灵的所在。人们供奉的社王、土主、花婆等诸神，许多都是用青石简单雕刻几个字来代表的。有的干脆就是一块石头，既不形似，也不神似，但它们却附着了一种不可侵犯的精神威严。这是一个民族对祖先的感念，也是对神灵的敬畏。透过那袅袅的香云烟雾，生活的希望和快乐，便在人们心中冉冉升起。

在中国人的宗教信仰里，总是走动着名目繁多的神祇。“神”是天神，“祇”是地仙。所以，神祇们有的在天上，有的在野外，有的在香火台。在仫佬族民间传说中，社王是管人丁平安和成长的“祇”，即本地神，需要虔诚供奉。所以，每办大事，仫佬族人首先祭拜的便是社王。

《宋史 · 礼志》云：“社稷不屋而坛，当受霜露风雨，以达天地之气，故用石主，取其坚久。”就是说，社并无庙宇，也没有神像，一般以石头代替，供奉社王处，有围挡，但是上面没有盖，任它接受风吹雨打。通常是在村头一棵

社王庙通常是一间小小的无顶房，社王没有具体的形象，找一块石头刻上一行字就是社王。“先敬社王，后敬家堂”，逢年过节，要先供社王，才能敬祖宗，社王在民间有着崇高的地位

大树下立一块石头，再安置三个香炉就成了。

“田翁逼社日，邀我尝春酒。”这是杜甫笔下的春社。“桑柘影斜春社散，家家扶得醉人归。”这是王驾眼中的春社。古人对社情有独钟，在古代，社不仅仅是民间的一种祭祀活动，更是一种散发着浓浓烟火气的人情往来。

社王是有来历的，并非凭空捏造。对于社王的身世，仫佬族依饭祭祀仪式中的《社王神唱》这样唱道：

> 社王原是贡家子，只因三月去游春。阿母出在后园内，得见神仙印脚新。阿母被着毫光照，连时怀孕上她身。怀孕三年生一子，生来变作社王身。生得社王又恁丑，两耳垂垂平脖分。邻舍见他生得丑，各自移居过别村。阿母见儿生得丑，连时丢去社王身。阿母丢下井中去，龙王度他上家门。阿母丢进栏中去，畜生得识是贤人。阿母丢到山林上，虎狼将乳养他身。阿母丢在日头晒，凤凰展翅来遮阴。阿母把去石头按，石头显出社王身。药圣当初求五谷，社王拜恳得三分。五谷将来田地种，养得凡间万万人。于此世间人敬奉，春秋二祭社王身。许愿求他来保举，还愿求他做证明。凡有大筵并小会，先开社王做主人。

在这段唱词里，社王长得不怎么好看，被母亲和村人嫌弃，历经苦难，得到龙王、凤凰、药圣、牛马甚至虎狼的庇护，得以长大成人。这样的身世，让他能够洞察人间的苦难，进而保护众生。直到现在，社王都没有一个面目清楚的样貌。民间一直有“立石成社”的说法，也就是说随便找一块石头竖在那里就是社王！由此可见，社王被认为是一个足够低调、足够随和、足够亲民、随叫随到的民间神。

每年农历的二月和八月，中石村仫佬族人都要祭拜社王，过二月春社和八月秋社。春社的祭祀活动在立春后第五个戊日举行，秋社的祭祀活动在立秋后第五个戊日举行。二月春社与八月秋社一样，都非常隆重。这一天各家各户凑钱买来猪、鸡、鸭等，拿到社王庙宰杀，举行隆重的祭社王活动，祈求社王保护农作物不受虫害，人丁安康。祭祀结束后，人们把一半猪肉分成若干份，一户一份，叫作“社肉”。余下部分，一户来一人，集中在庙前聚餐，叫作“吃社”。晚上，由家里的长辈召集全家老小，围坐在小方桌边，一起吃在庙会上分到的社肉，口中念着祈求全家得到社王保佑、人丁安康、六畜兴旺、五谷丰登的口诀，那场景庄重而又严肃。按照习俗，这块社肉不能拿来炼，也不能拿来炒，只能水煮白斩来吃，否则第二年家里的秧苗就会枯死。

祭祀社王，有清供、荤供、生供、熟供之分。清供用干粉、花生、瓜子、薯粉、茶叶、糖果等，荤供用猪、鸡、鸭等，生供用的是整头生猪，熟供用切块的熟猪肉、熟鸡、熟鸭等。每次祭祀活动都由五六个“祭祀头”负责组织，他们分工协作，使得整个祭祀活动忙而不乱，有条不紊。这些“祭祀头”一般一年一选，原则上每屯一个，以便筹集经费，沟通联络，采买物品。

仫佬族人的结婚、生子、死亡，都要禀报社王，以求得社王保佑。比如家里孩子结婚，要到社王庙里祭拜，并在庙门口贴上鲜红的对联，如“祥开玉燕酎社德，肇启石麟报王恩”，落款“信士某某某新婚沐浴”，算是给社王报喜，求其保佑。婚后要是在春社前生下男丁的，要在二月春社时向社王报人丁；要是在春社后生下男丁的，要在八月秋社时向社王报人丁。目的是让社王知道家里增加人口了，求社王保佑婴儿无病无灾，健康成长。随着时代的进步，现在无论生男生女，都要向社王报人丁。

在中石银姓仫佬族人的心中，社王有着神秘而崇高的地位。翻阅他们的族谱，我们会惊异地发现，他们的先祖中很多人的名字都带有“社”字，如社成、社生、社佑、社昆、社辅、社添、社养，等等。可以说，社王对于他们而言，意义非同一般。

在中石村走访时，我发现这里的社王不仅有庙，而且规模还不算小。北社屯北面的那座社王庙，整座庙宇及附属建筑占地面积在150平方米左右。主体建筑社王庙为钢混结构，红墙黄瓦，廊檐立四柱支撑，庙里有龛式灯盏、方形灯台。庙旁建有一些附属建筑，如灶台、伙房等。庙内悬挂“身到太平全凭大德，家经安乐永享鸿恩”的对联，庄严肃穆。庙里的青石牌位刻着“本部所属乐旺社王之神位”几个大字，表明这里是社王庙。社王庙右后方建有一座社母庙，只是规模远不如社王庙大。这一点很特别，其他地方一般都只供社王，极少见到供奉社母的。我问身旁的银姓仫佬族同伴这怎么讲，他说这是一种阴阳调和的设置，有社王，就得有社母。

这座社王庙在明代时就已经存在了，历史相当久远。最直接的证据是，明成化二十一年（1485 年），中石银姓五世祖银法畅夫妇，曾经捐钱给社王庙造了一对石花瓶，其中一只上书“社丁银法畅同妻吴氏一娘用□□银六钱命匠造花瓶二个□□本部社王万万代社丁供养”字样。上面结了一层厚厚的烟火包浆，看上去古色古香，泛着一种岁月的幽光。青石花瓶不仅造型精美，而且看着很大气，自带一种庄严与神圣感。我们可以想见，几百年前，银法畅夫妇找石匠，选石材，雕花瓶，然后怀着诚惶诚恐、恭恭敬敬的心情，在一片香烟袅袅、烛火明灭中，给社王献上一对石花瓶，焚香祷告，匍匐于地，三叩九拜，祈求平安。那场面一定很温馨，很肃穆，很动人。

现今的中石仫佬族人依然对社王毕恭毕敬，每年的春秋二祭依然十分隆重。社，于国而言就是江山社稷。老百姓祭祀社王，其实就是对江山社稷的认同、感恩和礼拜。

生命花开

在仫佬族民间，婆王被称为花婆、床头婆、花棚婆、花王圣母等，是主管人间生育和保护小孩的女神。

仫佬族人认为婆王主管生育，能否生育，生男生女，全由婆王分配和赐予。仫佬族做依饭时，婆王是必请的 36 位神之一，其全名是“上堂万岁六国天尊圣母三位婆王”，来自鳌山南蒙大庙。三位婆王各有分工，大婆王在生育上主宰一切，二婆王负责给人间分派白花，三婆王负责给人间分派红花。

每年农历三月三，中石村仫佬族人都要过婆王节（又称小儿节、花婆节），敬奉婆王。传说农历三月三是婆王的生日，所以仫佬族人也把过婆王节叫作过婆王诞节，或过花婆节、供婆节。

在信奉婆王的罗城，婆王庙随处可见。庙里除了供大婆王、二婆王、三婆王，还供有土地、判官、抱子娘娘、奶娘。婆王庙门柱上通常还会贴上一副吉祥如意的对联，如“婆王坐此恩泽凡土，魔障遁矣平安一方”。大一些的婆王庙，正殿和两侧都绘制有精美的图画。正殿上一般画着麒麟，寓意“麒麟送子”;两侧则分别绘着“七仙女”和“八仙过海”，或者仙鹤、梅花鹿、山水园林等图案，显得既庄严肃穆，又喜气洋洋。除此之外，两侧墙上还挂满了纸衣和纸鞋，这是孩子满三朝或满月，人们到庙里还愿时留下的，表示酬谢婆王赐予子嗣。每年农历的三月初三，众人都要敬祭婆王。祭祀时全村人都参加，大家抬一头大猪到婆王庙宰杀，然后用煮熟的猪头、猪尾、猪下水等代表全猪祭拜婆王。随后，大家聚餐，共祝人丁兴旺，平安顺遂。

农历三月初三头晚，添丁的人家还要事先包好粽子，煮好鸡蛋，以便第二天到庙里祭祀婆王，向婆王“报丁”，感谢婆王恩德，祈求婆王护佑。祭祀时，要是有人在庙前道一声“恭喜”，主家就奉上一个粽子、一枚鸡蛋。当然，要是生了双胞胎，那就得奉上两个粽子、两枚鸡蛋。另外一种方式是，在集体供奉之后，所有参加供奉的人家都会从家里拿来一个竹篮或塑料篮，篮里摆放一支写有家主姓名的竹签。主事的三五个妇女按照户数，将供奉的鸡肉、猪肉等供品平均分配，放入竹篮或塑料篮里。添丁人家则另外在竹篮或塑料篮里放入一枚鸡蛋（若为双胞胎则放两枚，鸡蛋需事先煮好，并用花红粉染红）。为什么煮的是鸡蛋，而不是别的？理由是：蛋者，诞也。分发鸡蛋是知会四邻，家里刚刚诞生了一个孩子，希望得到左邻右舍的关照和呵护，让孩子健康成长。最后，各家各户将供品拿回家中给自家小孩吃，祈求孩子健健康康、聪明伶俐。

此外，有的人家还会用竹片弯成半月形，蒙上“家布”，做成一个“花棚”，安放在墙壁或媳妇房门上，用来祭祀婆王。有的人家会在哺乳期的妇女床头安放一个婆王的神位，以便媳妇早晚供奉，求婆王保佑孩子健康成长。

《仫佬族文学史》对婆王有着生动形象的描写：

> 婆王掌管着一座极大的花山，日日忙碌着护理花山上的花。
>
> 人是婆王花山上的花。她把花的生魂送给谁家，谁家就生小孩。送红花是女孩，送白花是男孩。婆王花山上的花长得茂盛，开得鲜艳，人间的小孩就平安成长，不生病，身体健壮。如果花山上的花生了虫，小孩就生病，有灾难。婆王给花除了虫，孩子的病就会好。婆王在花山上淋花，花湿了水。小孩睡觉时，全身冒汗，衣衫湿透。人死了，生魂回到花山上，还原为花。再由婆王送给他人。这人便到别家投胎去了。

这样的传说像花一样美，婆王与花山、花魂相伴，人类的繁衍生息与花山、花魂相随，其间的花开花落，天上人间都看得见、听得到，真是美到极致，乐到极致。

壮族也有类似的传说：婆王有一座大花园，园中开满了各种鲜花，每一朵鲜花象征一个生命，世间的人都是婆

每年农历三月三向婆王报人丁时，同时也向社王报人丁，祈求他们保佑婴儿健康成长。祭祀时，社王和婆王慈祥的面容在袅袅香烟中时隐时现，一枚枚染红的鸡蛋散发着温暖的光芒

王花园中的花朵。由婆王赐花而生育，赐红花则生女，赐白花则生男。孩子要是生了病，说明花生虫或缺肥，要祭祀婆王，祈求她给花浇水除虫，保佑孩子健康成长。人要是死了，就会轮回到婆王的花园，成为一朵鲜花。

在湖南的侗、苗、瑶、土家等少数民族中，也有类似的花婆神话。他们认为：“花，就是婴儿的灵魂和生命。因此，人的一生，从生到死都离不开花。生是因为花魂降临人间；死，是因为花魂已离开人世。”

同一题材的神话，在南方少数民族中共同流传，这是神话的同源异流，说明这是他们共同的精神谱系之一。

有人说，婆王是柳家的女儿，是仫佬族创世神话中伏羲兄妹的母亲。在传统的仫佬族依饭节上，法师这样唱道：

婆王原是柳家子，大罗宫内去安身。

建德元年爷娘嫁，嫁与显佑作夫人。

生下一男又一女，伏羲兄妹治人伦。

放走雷公上天去，放开大水淹天门。

水淹天门无处去，淹死千千万万人。

只有伏羲两兄妹，走进葫芦里面存。

天下人民都死尽，剩下伏羲兄妹身。

显佑六年洪水退，落到须眉山下存。

有个金龟它便说，你两兄妹结为婚。

（接下来唱兄妹结亲，生下一个冬瓜模样的肉团，随后伏羲兄妹用刀将其砍成 360 块，然后接着唱）

二百四十男子像，一百二十女人身。

置得男多女又少，如今世上有单身。

敬信之人婆感应，五男二女入家庭。

奉敕九州并六国，五湖四海婆儿孙。

尊敬婆王孝父母，家庭和睦百事兴。

后世“五湖四海”的人都是“婆儿孙”，说明婆王是有着极为崇高地位的仫佬族神祇。中石银姓有很多人用“婆”给自己的孩子起名，如婆送、婆养、婆隆、婆锡、婆光等，说明他们对婆王怀有强烈的感恩之心。

与婆王有关的神话中，还有一位民间神——花林太子。传说他是随娘改嫁的孩子。花林随母改嫁到李家，继父已有八个儿子了，他排行第九，经常受继父虐待、兄嫂辱骂。有一天放鸭，他打瞌睡，老鹰抓去一只鸭。他明白这是自己的过失，继父肯定不会放过他，回家肯定少不了一顿打。于是，他不敢回家，一个人跑到天圣桥上呆坐，哭泣。恰好这个时候婆王打这里经过，见他实在太可怜，就把他带到花山上，让他做自己的助手，看管花树，护理花枝。此后，花林每天看管花树，护理花园，再不必遭受家人打骂了，还被人间称为“花林太子九郎”。

同样，邻近的毛南族也有“花林”，但却是一个美丽的女神，人们叫她“花林仙官”。她从小爱花，父母去世后，遭受嫂子虐待。于是，她经常跑到村头的独木桥上哭泣。婆王经过，见她可怜，把她带到花山上抚养。她长大后，婆王就让她在花山上管花，并协助自己送花。婆王送金花（男孩），她送银花（女孩）。

在仫佬族古歌中，有一首《花林歌》，专唱花林的遭遇，听起来凄切而感人：

花林四岁死了父，丢下母子两个人。
上无兄来下无弟，独自苦寒家又贫。
一天媒人上门来，劝母去嫁李家人。
母因家中实在苦，无奈带仔去嫁人。
李家养有八个仔，连同花林成九人。
兄弟八个把书读，单叫花林把牛跟。
李父对他冷眼待，亲生八子如珍珠。
花林不是亲生养，逼他天天看鸡鸭。
花林上坡看牛马，又到下垌去看鸡。
花林心中不好讲，衣单受冷肚又饥。
傍晚上坡收牛马，又到下垌收鸡鸭。
牛马收回栏里禁，鸡鸭田中叫叽叽。
十二时辰不安闲，困了桥上坐一时。
老鹰偏来偷鸭吃，风吹鸭毛到处飞。
如今鸭仔少一只，怎叫花林不着急。
回到家中怎样报，不挨抽筋也剥皮。
孤寒花林苦忧忧，好比后园苦麻苋。
好比后园苦麻菜，苦麻苋子无人收。

那些结婚多年没有孩子的妇女，到了三月初三这天，便会办齐猪肉（猪头）、鸡、鸭等供品到婆王庙祭祀，祈求

三月三时，中石群众带着幼儿到婆王庙里还愿，感谢婆王赐予子嗣　蒙增师／摄

婆王开恩，赐予子嗣。这是求子仪式，叫作“求婆”或“求花”。祭祀婆王时，要一边烧香，一边跪拜，一边唱《求婆歌》，用歌声向婆王倾诉自己求子的迫切心愿：

> 三月初三来求婆，少座木桥少朵花，生我命丑无缘分，无缘无分，好比壶里少杯茶。
>
> 人讲我有龙虎煞，天狗吃了我枝花，夫妻吵闹姻缘丑，花棚婆王，求你送我一枝花。

仫佬族认为孩子是婆王恩赐的花，所以除了到庙里祭祀婆王、唱《求婆歌》，一些求子心切的妇女还会请法师来到家里做法事，念唱《安花歌》：

拜请花公来做主，安稳花树做爷娘。
拜请花母来做主，安稳花树在娘房。
花子无灾又无难，无灾无难任娘养。
送花仙姑日夜看，不许花子去别方。
花好生在桃源洞，洞宽树大得久长。
好花移回娘身住，歪花移到别人乡。
好花见娘欢欢笑，欢欢笑笑在娘房。
莫在荒野受雨霜，日夜啼哭不见娘。

求婆女子在生了孩子之后，就要办三朝酒、满月酒，也叫“做姜酒”“供婆”。主家要备办供品到婆王庙祭祀，唱《还婆歌》，答谢婆王赐予子嗣的大恩大德：

到了台前拜三拜，杀鸡杀鸭敬花台，三杯酒来三碗饭，烧香拜请，三位婆王近前来。

求婆求难离娘身，求得花枝伴花根，一年三百六十天，长时记住，不忘庙里婆王恩。

同时，亲戚朋友会送来礼品，外婆家会送来米箩、甜酒、背带等，村里的青年男女还会上门唱《姜酒歌》：

坐在厅中唱一阵，满屋大小滚尘尘。
今日主家吃喜酒，姐妹姨娘满屋门。
婆王登殿送太子，恭贺主家理应该。
又添人口又添富，又添我俩唱歌来。
今年送个白花到，明年送个红花来。
白花生来做丞相，红花生来女秀才。

祭拜婆王体现了人们追求子嗣的心理诉求。贯穿其间的，是婆王、花山、花魂、花棚、安花、花林太子等绚烂美好的词语。它们像山上一簇簇的野花，绽放在仫佬山乡的山野，让仫佬族人的求子习俗和感恩情结充满了浪漫的色彩。

婆王崇拜是古今如一的，如今的中石仫佬族群众每到农历三月三，依旧会集中祭拜婆王。在中石村桥头屯边上的那座社王庙里，我看到了一份“2025 年（祭祀）婆庙带班人员”名单，计有“总头”2 人，寨背、石围、桥头、底镇、学田、大银等 6 个屯的负责人各 1 个，负责人下面又安排有 2～6 个助手，总人数一共 22 人。最后还有一个备注，交代各位“头人”务必提前 2 天以上通知本屯群众，做好收款事宜。单看这份人员安排名单，我们就可想象每年三月三婆王庙祭祀活动规模之大。这还仅仅是中石村核

婆王庙（圣母宫）的神龛上供奉着大婆王、二婆王、三婆王、乳娘、财神、判官等，这些神祇面目和善，和蔼可亲，它们共同负责一方百姓生儿育女的大事

心区 6 个屯的活动，中石村几乎每两个屯就建有一座婆王庙，祭祀活动同时开始时，那种隆重盛大的场面是相当震撼的。

各贲书声

中石银姓亻么佬族人除了祭拜社王庙和婆王庙，还有一个庙宇是他们必拜的，那就是位于横岸龙尾山下的各贲寺。

各贲寺与开元寺、方广寺、多吉寺等齐名，为罗城四大古寺之一。据说，明洪武年间，洪水肆虐，蝗虫泛滥成灾，洪水、蝗虫所到之处，颗粒无收。然而，罗城境内没有遭遇这样的灾难，特别是东门横岸一带更是物阜年丰，人们过着富足安宁的生活。为了感谢上天，老百姓自发筹资在马鞍山下修建了一座庙宇，取名“宏恩寺”，它的确切建造时间已无从稽考。宏恩寺香火很盛，善男信女，络绎不绝。每逢年节和红白喜事，甚至每月的初一、十五，很多人都会来到寺里烧香祈福。有一天，寺里来了一个老和尚，说宏恩寺在马鞍山脚不利于庇护苍生，应该把寺庙搬迁到附近山头最尖的山的山脚下。于是，群众集资将宏恩寺搬到了现在这个位置。

不知何时何因，人们将“宏恩寺”改成了“割鼻寺”，后来又因同音讹传，成了今天的“各贲寺”。据说，那时候

银姓仫佬族人的祖先在各贲寺受到了最初的教化，从此，
文明的种子在岁月风雨中生根、发芽、开花、结果

的各贲寺规模宏大，装饰华丽，是罗城有名的古寺之一。罗城有民谣这样唱：“头在青明山，脚踏黄金江，宝在排沙塘，身在桥头坎，尾在各贲寺”“头在青明山，身在九龙岗，脚踏太平堂，尾在各贲寺”。无论怎么唱，各贲寺都作为“龙尾”压阵，说明它的名气相当大，同时也说明它的位置非常好。

2014 年 11 月出版的《中国少数民族大辞典 · 仫佬族卷》记载，原来的各贲寺，占地面积约 13 000 平方米，建筑面积约 2400 平方米，由上殿、下殿（大雄宝殿）、中庭院、两边厢房、禅室组成。上殿分左右殿，安放着雕塑精美、造型逼真的神像。大雄宝殿宽敞明亮，前为大门，后为圆形拱门，直通院子。近拱门处是关公神像，周仓持大刀和关平站立在关公身旁。大雄宝殿内，左右两侧立着两尊 5 米高的金刚塑像，一个手握乾坤圈，另一个手持宝剑。大雄宝殿外围两边各有宽敞的通道，通道外侧还建有两幢厢房，每幢分为前后两间。

据中石银姓族谱记载，他们的四世祖银道言小时候就在各贲寺内读书，据此推算，各贲寺至迟建于明初。各贲寺作为古老的寺庙，历代应该都有修复。1936 年，村民重修了一次，基本上修旧如旧，保持原貌。1952 年，各贲寺被辟为校园，成为周边 13 个自然屯农家子弟的启蒙学校。20 世纪 60 年代中期，寺庙被彻底拆除。1988 年，村民筹资选址重建第一宫——三宝殿，寺庙已残缺不全。2004 年 10 月，村民捐资修建了第二宫——金刚殿，并塑神像、佛像 14 尊，占地仅 1000 余平方米，规模远不如前。

现在人们所看到的各贲寺，就是 2004 年重建后的模样。正门门额上的寺名“各贲寺”为楷书，白底黑字，方正肃穆。大门上“兵燹余灰荒草漫寻干净土，桃源绝境方津再渡武陵人”的对联，是民国仫佬族著名诗人龙谢兰于 1947 年写的，晨钟暮鼓，声声佛号，都浓缩在这短短的 22 个字当中，让人不由想起那遥远的动荡时光。

明代时，银姓以及附近其他姓氏的子弟就已经来到寺里读书。银姓四世祖银道言的岳父罗海珠墓志上说，他长年“住各责玄真堂”。我们无法确定“各责”二字在当时是地名还是寺名，但从“玄真堂”这个称呼看，罗海珠的身份是个道士。墓志上说他是梅山教派第十代授箓弟子，银道言是他的弟子，承其衣钵，成为当地道教第十一代授箓弟子。同时，银道言还是他的女婿，他把自己的女儿“罗氏一娘”即大女儿许配给了银道言。正因为有了这个渊源，中石银姓有很多人从事道公行业，且都有自己的法号，子孙中以“道”“法”“佛”等起名者不乏其人，以“道”为例，有道言与道琳、道琳与道琚、道炉与道瑕等，且他们都是父子关系。中石仫佬族人每次举办依饭节，银道言都是一个绕不过去的人物。这是一个非常重要的信息，从这条信息我们可以知道，仫佬族依饭节的历史，至晚可以追溯至明代早中期，至今已经传承了六七百年。

“幸五世祖法扬、六世祖道臬，念切故土，自各责寺而返银庄，重整家风，每一树而生数桂，以下人财渐盛，弦诵宏开……”《银氏宗祠碑记》上的这段话给我们提供了这样的信息：银姓四世祖银道言的儿子银法扬和孙子银道臬，因眷恋故土，心系祖墓，在一番权衡之后，毅然举家回归中石银姓。

他们的回归带回了识文断字的优良传统，给宗族带来了掺杂着寺庙香纸蜡烛味道的文化气息。银法扬和银道臬的回归，不是一般的认祖归宗，而是一种教化和文明的回归。他们的回归，给银姓宗族打开了一扇通往“济济多士”的光明之门，涵养了一种崇文尚学的优良传统。从此，底漏河上清风习习，碧波荡漾，两岸稻花翻浪，瓜果飘香。

每年农历九月十九日不仅是各贲寺的庙会日，同时也是观音的成道日，中石银姓群众和附近村民都要到这里赶庙会。对于中石银姓而言，这样的庙会不仅仅是程序化的祭祀，它的作用和意义已经远远超出了普通庙会的范畴，成了一种虔诚的怀念与感恩。几百年后，中石村拥有了两所完全小学，一所是建于 1942 年的中石小学，另一所是建于 1956 年的中胜小学。这两所小学，培养了中石银姓成百上千的农家子弟，成就了中石人才辈出的可喜局面。现如今，中石村每年都有十余名学子考取本科院校，追逐他们美好的人生梦想。

燕翼贻谋之后，江山代有才人出，文脉悠悠数百年！

生产生活

▼他们在桐花开放的时候
走向田野，走向希望。

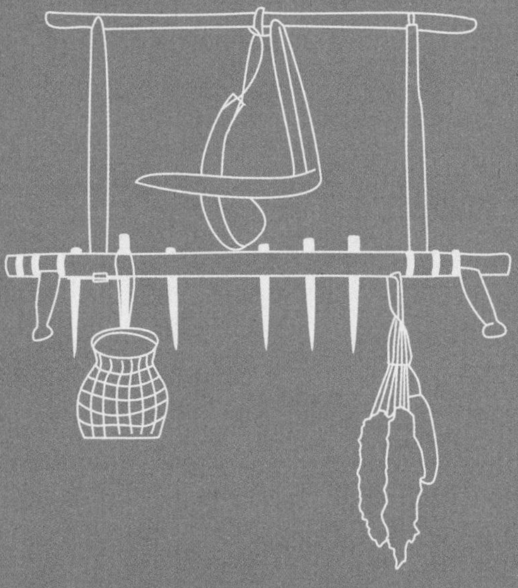

开土迎春

“夫农，天下之本也。”（《汉书·文帝纪第四》）仫佬族是一个农耕民族，耕田种地是他们安身立命的根本。“桐树开花始播种”，中石村仫佬族人按照二十四节气来安排自己的农事。春耕时节，他们在桐花开放的时候走向田野，走向希望。这就是《通志·天文略》所说的“小民咸识天象，仰瞻星汉，用知时节而趣耕”。古人也说：“天可补，海可填，南山可移。日月既往，不可复追。”“知时节”对于农民来说至关重要，关系到他们的生存，马虎不得。

每到春耕时节，历代君主都会举行祭祀活动，动员农民抓好春耕生产。流风所及，到了清末民初，“开土迎春”的仪式开始在偏远的罗城盛行起来，后来演化成一种隆重的民俗活动。“开土迎春”的作用是提醒大家从春节你来我往的人情往来中走出来，抢抓时节做农活，切勿耽误农时。

《罗城县志》对立春“开土”有着相当精彩的描写：“立春前一日，迎句芒神，引户办台阁，制花鞭，迎土牛于东郊。至县界，土牛以耕，三策，一曰风调雨顺，二曰物阜民安，三曰天下太平。观者如堵。”

《山海经·海外东经》说：“东方句芒，鸟身人面，乘两龙。”郭璞进一步注释说：“木神也，方面素服。”也就是说，“句芒”是木神和春神，象征着春天与生命的复苏。在古代民间信仰中，句芒与农业生产紧密相关，每年春天的旷野上都有他的身影。据说，人们可以通过句芒的服饰预知当年的气候情况：句芒要是戴着帽子，表明今年春天暖和；要是光着头，表明今年会有春寒；要是穿着鞋子，就表示今年春雨多；要是光着脚，则表示今年春雨少。在这里，句芒的形象很神奇，也很亲切。

流风所及，上行下效。二十世纪三四十年代，每年立春前一天，罗城县城附近各族群众，男女老少，身着盛装，抬台阁，执彩鞭，敲锣鼓，吹唢呐，从四面八方来到长春山的春牛亭等候。附近各村寨的冬头、长老，也牵牛扛犁，背着装谷种的“盛袋”，前来参加县太爷主持的“开土迎春”仪式。“观者如堵”，说明来参加仪式的人很多，里三层，外三层。在仪式当中，县太爷象征性地挥三次牛鞭，分别表示风调雨顺、物阜民丰和天下太平。古代中国是一个典型的农耕社会，几千年来，各地已经形成了一整套与当地气候相适应的农事系统。春种、夏管、秋收、冬藏，农业生产根据自然规律进行，根本不用官员提醒。但是，仪式还是要搞的，因为仪式本身就是一种教化的过程。

明代《鞭春牛》：“年年春打六九头，烟火爆竹放未休。

五彩旌旗喧锣鼓，围看府尹鞭春牛。”说的就是罗城立春“开土”和繁忙春耕的景象。

老一辈人说，以前在东门镇东郊的长春山下，有一座春牛亭，是当年举行“开土迎春”仪式时遗留下来的，现在我们已经无缘看到了。在中石村采访时，我看到了一份中石村二十世纪五六十年代的四季农事一览表，写得非常详尽，通过这张表，我们可以知晓一年的农事活动。兹录如下：

正月——翻地、砍柴、割牛草、种麦子；

二月——种玉米、芋头，整秧田；

三月——撒秧、挑肥入田；

四月——收麦子、施玉米肥及除草、翻耙田、插秧；

五月——种黄豆、除田草、施肥；

六月——刮黄豆草、施田肥、耘田除草；

七月——收玉米、种红薯、收早稻、插晚稻；

八月——收黄豆、收芋头、种三角麦、铲土沤肥；

九月——施晚稻肥；

十月——收晚稻、红薯、三角麦，种油菜；

十一月——砍柴、烧石灰、挖煤；

十二月——男挖煤、女纺织。

一年到头，农民没有哪个月是清闲的。一年当中，只有春节才可以歇息几天，过了正月初二或初六，又有一大

耙是农村常见的农具，春夏二季是它们大显身手的时节，一个农人、一件蓑衣、一头耕牛、一张木耙和满天飘洒的细雨，就是一幅精美绝伦的农耕水墨画

堆的农活在田地里等待着他们。这在中石的民谣中有着生动的体现："鸡母叫咯咯，鸡崽乱麻麻；鸡母在社门，鸡崽在山下。粥锅潽，牛又回。一手喂猪，一手喂狗。莫想当家容易多，勉强扛犁又加耙。早上起床去挑水，中午上山

去砍柴。今天在家忙织布，明天下河去洗衣。奶啊奶，妈啊妈，活路做死不到头，棺材头前绑叉叉。”一年四季都有干不完的农活，家庭主妇干农活干到喊奶喊妈，无助到有些绝望，这就是过去农民生活的日常。农活虽然辛苦，收获却是欢乐的。仫佬族古歌中有一首《农事歌》唱道：

正月时节春天到，山上树木发新芽。
千样活路从头做，翻地捞灰用新刮。
二月时节要刮园，刮了一园又一园。
一家老少都齐心，种菜去卖也得钱。
三月时节耙秧田，套牛扛犁又拿鞭。
一家老少都齐心，谷种下水心里甜。
四月时节插秧忙，一日三餐不得闲。
横插竖插随便你，人人弯腰手不闲。
五月时节正大忙，又挑牛粪又耘田。
块块稻田都放到，蔸蔸禾苗耘根前。
六月时节正半年，田里谷穗黄鲜鲜。
男男女女田边看，手捧谷穗心头甜。
七月时节收新谷，一家老小忙碌碌。
田里谷桶噼啪响，家家喝上新米粥。
八月时节收黄豆，收完黄豆去走坡。
中秋佳节大团圆，同年双双去唱歌。
九月初九是重阳，收完黄豆收高粱。

高粱舂来做糍粑，一家老小喜洋洋。
十月立冬依饭节，打回糯谷包粽粑。
杀鸡杀鸭来过节，姑姨姐妹都回家。
十一月小寒到冷天，家家烧瓦又打砖。
锯木锯板挖地基，新房起在老屋边。
十二月到三十晚，杀猪杀鸭好过年。
家家户户爆竹响，送旧迎新又一年。

过去，中石村的主要产业是种植业。他们种植水稻、玉米、红薯、小麦、三角麦、荞麦等，高投入，低产出，碰上干旱、蝗灾等甚至无产出。由于人口多、土地少，人均耕地面积不足 0.5 亩，农民就是再勤劳也种不出足够解决温饱的粮食来。而养殖业基本上是单家独户散养，形不成规模。人们生活无保障，五黄六月便到处借粮度日。20世纪 70 年代，中石群众就有步行几十里路到天河华张等地挑玉米的经历。他们天不亮就出发，天黑了才回到家。有时候走到半路天就黑了，只能就地找亲戚家借宿，第二天上午才回到家。其间的艰辛与苦楚，现在的人是很难想象的。

现如今，尽管田间的耕作还是他们衣食的来源，但已经不是唯一了。“开土迎春”没有了旧日的仪式，取而代之的是更省力高效的田间劳作。他们已经告别了耕牛，告别了刀耕火种，耕田、犁田、收割这样繁重的劳动已经交给了农业机械，再也不用“面朝黄土背朝天”了。人们利用农闲时间，能力强的开工厂、办企业，普通人家的孩子或者外出务工，或者干自己擅长的副业。中石村民在东门街上开饮食店的、搞运输的、搞装潢的，少说也有五六十家。有的人利用自己的特长组建一个小型的工程队，接一些小工程或到大工程工地上务工，早出晚归，一天下来也有不少的收入。有的人扛着一把铁铲，三三两两结伴找一些零工，家庭日常所需的“油盐钱”就出来了。

中石村党支部书记、村民委员会主任银书积，多年前开过商店，做过装潢，经营过果园，是中石一带的经济能人。他曾多次在公开场合对中石的年轻人说：“我们中石村人多地少，守着这几块薄地是没有出息的。大家只有向外发展，把技术学到手，然后回家创业，才是最好的出路！”

现在，许多中石村民到外面打了几年工之后，便返回家乡创业。冲途屯的银辉开办了一家铝门厂，北社屯的银亮锋和学田屯的银杰元、底镇屯的银帮瑶开办了不锈钢门窗工艺制作厂等小型企业。这些企业所招的工人全都是中石的乡亲，这让中石部分群众在家门口就能实现就业。下北贯屯有两家米粉加工企业，老板都是中石村民。其中一家微型企业，产品生态环保，远销巴西等国家。此外，中石村民还承包经营果场，成立农民专业合作社，组团发展，增强抗风险能力。在中石村，小卖部、代销店、猪肉摊随处可见，几乎每个屯都开有两三家。这种广开门路、八方进财的生存智慧，让中石群众的日子越过越红火。

挖一窑煤

在罗城仫佬族自治县境内，煤炭资源丰富。从东北部的龙岸，到西南部的四把九龙一带，地下埋藏着大量的煤炭，人称“百里煤川”。这里的煤埋藏很浅，有的就埋在地下一两米深的地方，最深也不过二三十米，有的甚至直接暴露在地面上，挖掘起来省时省力。这里的煤多属无烟煤，过去称为“白煤”，硬度大，热能高，质地很好，用来烧锅炉、炼钢铁和生产氮硫化肥，都是极为理想的燃料。

清代时，罗城已有用煤冶炼矿砂的记载。在清乾隆年间广西巡抚宋邦绥的奏折中，就提到了用罗城冷洞山的煤冶炼融县泗顶山出产的白铅矿砂的情况。民国时期，就有民族资本家在罗城投资兴办塘底、九龙、三堆等煤硫厂。

因为盛产煤炭，当地群众有烧煤的习惯，几乎每家每户的大门一侧都挖有一个地炉，成为仫佬族民居的一个特色。农闲时，中石村的男性便到后山挖煤，以补贴家用。由于煤层浅，开挖容易，被称为“夫妻井”“老鼠洞”的小煤窑，满山满岭，遍地都是。

银应熬是仫佬族产业工人的优秀代表，生前曾任罗城矿务局局长，被授予“全国劳动模范”称号。图为银应熬（右）与工友在井下掘进巷道作业　王梦祥／摄

过去，挖煤有很多禁忌，如忌触犯“百公”。“百公”是主管煤田的神。至今呼略屯群众依然在供奉着“百公”，村边仍保留着一座“百公”庙。每逢农历初二、十六，人们都用酒肉敬奉，且当日不准杀生。又比如忌穿旧鞋进窑，忌用旧撮箕装煤，忌穿旧衣下井，忌身带秽物。因为穿过

的鞋子、衣服，用过的撮箕，难免沾上秽气，所以只能光着脚，打赤膊，用新撮箕下井。家有妇女怀孕、坐月子，甚至家有猪牛马产崽的，都不得靠近，否则就是触犯了“百公”。另外，不能在煤堆边大小便，而煮饭夹生、打烂碗碟、筷子落地、梦见蛇拦路等，都被认为是不祥之兆，犯忌讳者不得进窑。在挖煤现场不能讲不吉利的话，如天崩地裂、跌山落水、人病畜死、偷牛盗马、杀人放火等。

挖煤风险很大，上了年纪的人总结了四条：一是塌方压死人，二是缺氧闷死人，三是瓦斯烧死人，四是透水淹死人。尽管人们小心小心再小心，但由于急功近利，又缺乏必要的安全措施，缺氧、瓦斯爆炸、冒顶（塌方）、透水事故时有发生，人员死伤的情况并不罕见。隔不久，村庄里就会响起妇女和孩子伤心欲绝的哭喊声，甚至年三十晚上也有人在办丧事。据有经验的老人说，要是在街上看到有人脸上、手上有黑斑，那肯定是被瓦斯烧伤后留下的疤痕。

过去，罗城有一首民谣这样唱：“银村穷，挖后龙，一丢斧，一世穷。”说的是银村群众通过挖煤，在短期内可以获利，改变生活，却严重破坏了当地的生态，这样的生产方式不可持续，会造成不可逆的严重后果，损失难以估量。好在中石群众很快意识到了这一点，开始仔细打量眼前供给他们衣食的山山岭岭，检视无序开采煤炭的恶果。随后，他们丢掉了手中的锄头、钢钎、铁锤，禁绝了这种“吃子孙饭”的行为。在每年的三月，他们用原先挑煤的撮箕装上嫩绿的树苗，成群结队上山植树造林。经过一番精心打扮之后，昔日硫黄水横流的山岭，旧貌换新颜。那青青的山，碧碧的水，艳艳的花，脆脆的鸟鸣，又回归了本来属于它们的家园。

对此，上南岸屯的银世仁老人有着很深的感触。当年，他挖过煤，拉过煤，贩过煤，见过无数的瓦斯爆炸、窿道塌方、缺氧窒息等意外事故，听过不知多少失去亲人撕心裂肺的哭喊声。如今，回归传统农耕生活的银世仁老人，性情恬淡，面目慈祥，专心研究仫佬族的婚俗，并于 2015 年被命名为自治区级非物质文化遗产项目仫佬族婚俗代表性传承人，隔不久就接待一批国内高校的教授学者，给他们讲述仫佬族婚俗的传承和嬗变。此外，这位只有小学文化程度的老人，还利用农闲时间写了近 10 万字的回忆录，将自己一生的所见所闻记录下来，自费出版，以教育和警示后人。

烧一窑瓦

俗话说，重阳无雨望十三，十三无雨一冬干。要是当年是个旱冬，那就可以放心打瓦了。九月以后，颗粒归仓，中石村民就开始打瓦烧瓦。他们所烧的瓦大多飞到县城的房顶之上，为城里人遮风挡雨。最高潮时，石围屯有五六座瓦窑，北社屯有十几座瓦窑。这些大大小小的瓦窑，炉膛之内烈火炎炎，窑顶之上白烟袅袅，成为秋冬时节一处美丽的景致。这些瓦窑有大有小，大一点的一次能烧 3 万块瓦，小一点的一次能烧 1 万～ 1.5 万块瓦。烧一窑瓦前后需要 4 ～ 5 个月，需要有足够的耐心。

打瓦的程序很多，有锹泥、沤泥、踩泥、翻泥、堆泥、打泥墙、割泥等，经过一系列的程序后，才能上架打瓦。打瓦之前得准备好瓦桶、瓦衣，还得用沙子或谷壳铺地，避免打好的瓦坯与地面相互粘连。手脚麻利的，一天打 300 桶，每桶 4 块，每天就可以打 1200 块。烧瓦时先是用温火，俗话叫“暖窑”，使窑内各个角落的温度均匀，慢慢逼出窑内的湿气，然后再施以猛火。这样，热气就能

仫佬族传统民居，屋顶上覆盖着小青瓦。这种青瓦都是村民自己打制的。村民用亮堂堂的窑火让稀松泥土长出翅膀飞上屋顶，瓦片一阴一阳，一俯一仰，为人们遮风挡雨

如游龙一般，在瓦片的间隙自上而下自由穿梭，将整窑的瓦烤热、烤熟、烤红。最后，瓦片被盖上一座座新落成房子的屋顶，为人遮风挡雨。

打瓦烧瓦是苦力活，同时也是个技术活。如今已 80 多岁的北社屯银维瑞老人，年轻时曾经做过一个实验：4500 块瓦，别人一般要烧一个礼拜，他只烧 18 个小时。烧出来的瓦片质量与别人一样，甚至比别人的还要好些。

改革开放初期，1000 块瓦可以卖 15 块钱。一窑 3 万块的瓦，能卖 450 块钱，这在当时可是一大笔钱，能让人得意好一阵子。

过去烧瓦，有很多禁忌。如女人不得靠近，人们会在通往瓦窑的路上打上明显的草标，过往女子一看到草标就会折返；装窑之前要先杀鸡供窑，祭拜窑神，祈求平安；封窑之日要杀狗会餐，等等。要是烧石灰，除了杀狗，还得做一锅豆腐，寓意石灰能烧得透，像豆腐一样白。

现在，人们建的大多是钢筋混凝土小洋楼，瓦片退出了人们的生活，被更为经济便捷的树脂瓦替代。那些红红火火的瓦窑已经完全荒废，成为历史的陈迹和人们饭后的话题。

石围屯 70 多岁的银小日老人对此深有感触，说起过往更是感慨万千。采访中，他对我说，年轻的时候，他烧过砖瓦，还打过铁器。中石所烧的砖、瓦、石灰，基本上能够满足罗城县城建设的需要。他打过镰刀、锄头、刮子，也打过马镫、马掌，人家需要什么，他就打什么。从在生产队时他就开始打，一直打到前几年，是中石村唯一的“资深铁匠”。

前些年，县里斥巨资建设了石围古村，平整了巷道，修缮了房子，建起了民俗博物馆，完善了配套的基础设施，整个村子显得干净整洁，古色古香，飘荡着一缕缕文化的气息。石围屯还被国家民族事务委员会授予“中国少数民族特色村寨”称号，成了远近闻名的古村落。许多游客慕名而来，想一睹石围古村的风采。前几年，一名女企业家在石围屯开了一家旅游公司，为电视专题片拍摄提供基地和“演员”，接待四面八方来的游客，为他们提供仫佬族特色美食。村里的老人一穿上民族服装就是本色的“演员”，经常参加旅游公司的各种演出活动。此外，村里的老婆婆还经常给旅游公司编织草扇、草墩、绣球，作为文旅产品销售，这让她们不出家门便有了一份可观的收入。

亲眼看到村子的巨大变化后，银小日不无感慨地说：“现在我们不挖煤、不打砖打瓦了，日子却过得比原来好！”老人一句朴实的话道出了一个简单的道理：政策对路了，老百姓就能过上好日子。

榨一榨油

“女强过男是桥头，底镇榨油响叮咚。舞狮最雄数天水，干事齐心是八冬。唱戏好看数大银，厨艺最佳在广宗。还有一村叫北社，一抓黄豆搞三盅。”这首中石的民谣唱的就是中石部分村的特点，底镇屯的榨油业便名列其中。其实，榨油是中石村的传统产业之一，不光底镇屯榨油，其他屯也榨油。

木榨榨油历史悠久，工艺源远流长。北魏贾思勰的《齐民要术》中就有榨油的相关记载，距今已有 1500 多年的历史。而明代宋应星的《天工开物》里更是描写了古法榨油的相关细节：“凡取油，榨法而外，有两镬煮取法……凡榨木巨者围而合抱，而中空之，其樟木为上，而檀杞次之。”其中所记载的榨油之法和榨木的选择，一直沿用到二十世纪七八十年代。

古法榨油工艺复杂，炒籽、磨碾、蒸粉、圈饼、踩饼、上榨、撞榨、接油、沉淀等，一共有十几道工序。

油坊有碾槽、青石碾子、大号柴灶、蒸具、木榨，没有一件多余的物件，真正做到物尽其用。中石村的榨机有两种，一种是木榨，另一种是石榨。寨背屯用的是木榨，北社屯用的是石榨。

木榨是油坊的核心部件，是由一段两三个人才能合抱、中段凿空的巨木和十几根橛子及楔子组成的。巨木来自深山，通体黧黑，容颜苍古。橛子和楔子头粗尾细，方方正正，棱角分明，是用山里的白椎或红椎木做成的，质地坚韧，不易开裂。只有这样，它才能经得起油锤的反复撞击。

油锤也有两种：一种是石头做成的方形油锤，重两三百斤，其中上部凿有两个拳头大小的圆孔，用两股手臂粗细的麻绳悬挂在高高的梁架上，稍一摆动，支架便发出吱呀吱呀的声音；另一种是用一根长约 5 米、直径约 20 厘米的硬木和铁锤组成的，硬木重而实，撞击时不易撞坏，加上顶端的铁锤，总重量 200 余斤，中间系一根粗麻绳，也吊在梁架之上。

榨油的工序，一环扣一环，严格而繁复。烘烤、碾磨、上甑过蒸、包饼、开榨，每一道工序都需要有足够的耐心，不得偷工减料，否则就前功尽弃。

中石榨的大多数是油菜籽，山茶籽极少。油菜籽需要炒熟，没炒熟的油菜籽，榨出来的油含有一种“苦尾”，苦涩难咽，不能食用，更别说拿到圩场上去卖钱了。

中石没有大河，只有细小的溪水，不足以驱动巨大的碾子。碾茶籽得借助畜力，一般的牛不能胜任，得高大健硕的牛牯才能拉动那巨大的碾子。在孩子们眼里，这是一场充满趣味的游戏。牛在前面埋头拉碾，孩子们则在后面装模作样地吆喝，然后趁着大人疏忽，跳到碾架上，偷偷地体验一下坐牛车的快乐。

上甑过蒸时，甑顶用绑了一头的一把禾秆草覆盖，借助蒸汽将它蒸软，为接下来的包饼做准备。蒸茶籽粉用的柴火各人自带。大人、孩子都很乐意看火，在取暖之余，还可以煨一些红薯或芋头。红薯或芋头煨熟后，剥开，拿到榨机底下，接住几滴带着暖气的茶油，美美地咬上几口，算是一种别有滋味的享受。

包饼，就是包茶枯饼。先将蒸软的禾秆草均匀地铺在由七八个直径约 60 厘米铁圈叠成的饼模里，然后把蒸熟的茶籽粉倒入饼模中，并将禾秆草往茶饼中心回折，榨油汉子光着脚站到茶饼上，用自己的体重将饼踩实。最后把多余的铁圈一个个去掉，只留下两个铁圈固定茶枯饼。茶枯饼做好后，整齐地倒扣着码在一旁。通常一榨油需要包 10 ～ 12 个饼，能榨 30 斤左右的油。

使用石头油锤开榨之前，先是将由禾秆草和铁圈包好的茶枯饼逐一并排摆放在巨木榨膛里，然后加樴，上楔。榨油开始的时候，茶枯饼比较柔软，榨油汉子只需摆动石锤轻轻地击打并不断地更换樴子和楔子即可，劳动强度并不算大。当樴子和楔子在巨大压力的挤压之下发出“嘎嘎”的声响时，榨油汉子就得摆开架势，举起石锤捶击樴子，

罗城普遍种植油茶和油菜，冬日榨油成为生活的日常。中石榨油有木榨和石榨两种，每到夜晚，叮咚之声不绝于耳，成为乡村小孩的催眠曲（图片摄于仫佬族博物馆，场景展示的是木榨榨油）

以便最大限度地把那些含在茶枯饼里的油榨出来。他不停地旋转悬挂在梁上的石锤，通过那两股粗大麻绳的绞力，将石锤提升到能够叩上前方榨机上的欉子为止。然后他就开始前后晃荡石锤，动作的幅度随着石锤运动幅度的加大而加大。双脚的移动也越来越快，最后充分利用物体运动产生的惯性，在快速的奔跑中突然发力，将石锤高高地举过头顶，随后迅疾回头、转身、瞄准、放锤，伴随着“呔”

的一声，对准一丈开外的檵子狠狠砸去。在巨大的撞击之下，檵子一点点地“吃”进榨膛，巨大的木榨也因猛烈的冲击而晃动起来。木榨里的茶枯饼在挤压下“热汗津津”，原本肥硕丰满的饼身，由厚变薄，由小变大，金黄色的茶油随之渗出，顺着木榨凹槽底部的小孔泄入油缸里，发出咕噜咕噜的声响。砸锤的过程前后连贯，一气呵成。汉子的双臂画出一道道优美的弧线，像大鹏展翅，又像一组优美的原生态舞蹈，叫人赞叹不已。

硬木油锤则一般由两三人协作打榨，前面一人紧握绳索和榨锤木柄，来回发力，后面一人掌握油锤的方向和落点，确保每一锤都精确地打撞在木檵上，既要有精度，又要有力度。

榨油是一种费时费力的劳作，每榨一榨油耗时一两个小时，没有强壮的体魄是难以胜任的。相较而言，使用石头油锤榨油，动作更加舒展优美，更具观赏性。劳动产生美，美无处不在。

北社屯中央至今仍保留着一个在生根石上凿成的油榨，现在已经完全被荒草和泥土覆盖，村里的年轻人甚至不知道它的存在。石油榨长 3.45 米，宽 1.35 米，高 1.4 米；榨油凹槽（榨膛）长 1.1 米，宽 0.35 米，深 0.2 米。这样的石油榨一次能榨七八个油饼，三四斤油菜籽得一斤油。

沙子岭村头也完好地保留了一个石碾坊，碾槽直径 4.6 米，深 0.28 米，宽 0.35 米；碾子直径 1.42 米，最厚处 0.12 米，最薄处 0.06 米；碾轴地面高度 0.8 米，地面底宽 0.37 米，厚 0.23 米；碾轴上部直径 0.22 米；碾子中央圆孔直径 0.19 米。它还有一个备用的碾子，直径 1.48 米，最厚处 0.15 米，最薄处 0.05 米，碾子方孔长、宽均为 0.17 米。

在过往的岁月里，这里人来人往，热气腾腾，菜籽油沿着斜斜的石槽，汩汩流入安放在泥地上的瓦缸里，千家万户的清苦日子，就靠这金黄的液体艰难地维系着。从碾槽和碾子雕刻的精密程度来看，建这样一座碾坊不仅需要很长的时间，还得有高超的石雕技术，其中所蕴含的人与自然和谐共生的理念，在今天仍有着很强的现实意义。

土法榨油这种看似稀松平常的民间工艺，与其他古老的手工艺一样，蕴藏着先人的智慧，透射着令人惊艳的奇思妙想，饱含着山里人家春种秋收冬藏的默默坚守和山野情怀。欧阳修那具有寓言意味的《卖油翁》里，整日游走于街头的那个老人一句“但手熟尔”，就让人品咂千年。而这些保存完好的石油榨和石碾坊，是一个时代的见证，弥足珍贵。人们站在它面前，会不由得拉长自己的视线，回望那段不算遥远的时光。

现在，人们要榨油就到东门街上的榨油厂里去，用油压榨油机榨油，卫生便捷，省时省力。那些热气腾腾的蒸锅、嘎嘎作响的榨机，以及人影憧憧的景象已成为历史的印记。

置一身衣装

清代谢启琨所修《广西通志》记载:“天河僚在县东,又名姆佬……先时蓬头跣足,明成化间,知县袁瑢禁之,始巾绩草履。”“宜山姆佬即僚人,服色尚青。”有关资料显示,宜山(今宜州)仫佬族都是从罗城迁过去的。仫佬族先民原先是披着头发、光着双脚的,官府强制换装后,人们才开始穿上草鞋,戴上头巾,并从周边的兄弟民族那里学会了纺织技术,开始注重种棉纺织和穿戴。古人说:“青出于蓝而胜于蓝。”青,是一种青色的颜料,常用于染布;蓝,即蓼蓝,是一种可以提炼颜料的草,也叫蓝靛草。仫佬族的青色服装就是用蓝靛染成的。

过去,中石仫佬族村民穿衣都是靠自己种棉花和蓝靛草,自己纺线,自己织布,自己染布。每年立夏前,他们就完成了棉花的种植,秋后开始捡棉花、晒棉花、脱棉花籽,然后用自制的脱粒机,一边踩一边取棉花籽,完全是手工作业。取完棉花籽后,就请弹棉师傅到家里来弹棉,弹好后搓成一根根猫尾巴似的棉条。那时,几乎每家每户都有一台简易的纺车，主妇一有空就加班加点纺棉。农忙时节，成年男女白天都要耕田，纺棉只能放在晚上。通常是到三更半夜了，纺车的嗡嗡声还在与田间屋角的虫鸣相互应和，像一支舒缓的小夜曲在村庄的上空轻轻飘荡。中石村的妇女几乎都会纺棉织布，只要听到“嘎吱呱嗒”的声音响起，人们就知道这家的女主人在赶夜班织“家布”。

“昼出耘田夜绩麻，村庄儿女各当家。童孙未解供耕织，也傍桑阴学种瓜。”古人的诗句在现实生活中得到了淋漓尽致的展现。

秋天，村民将成熟的蓝靛草收割回来，洗净晾干，然后把蓝靛草置于大缸内，用水浸泡，加入适量的石灰调和。沤上10天左右，待蓝靛草完全腐烂，便将秆渣滤掉，再用木槌将其捣烂，直到出现青蓝色泡沫为止。随后沉淀并滗掉面上的水，放置几天，待水分蒸发完毕后，蓝靛就做成了，用木盆装起来便可随时取用。

“家布”织好后，妇女们便可用蓝靛染布了。染布有固定的程序，不能搞混或偷懒。先是染一天后晒干，接着又染，一连染几天，才得到蓝布。然后再加蓝靛，再染几次，最后染成黑布。这种黑布，黑里透着红，很是好看。经常染布的妇女，双手被染得黑乎乎的，洗都洗不掉。然而，妇女们并不在意。在她们眼里，谁的手越黑，就说明谁越勤劳、越聪明、越能干。

染好后的黑布，妇女们得拿到东门街上，让人用元宝

空旷的田野是晾晒“家布”的理想场所。温暖的阳光，
黑亮的“家布”，构成了一幅中石独有的“秋日晒布图”
谢顺珩／摄

模样的碾布石反复滚碾，直到碾出亮灿灿的光泽为止。经过这一整套的工序后，一匹平展、柔软、贴身的“家布”就做成了。一匹“家布”通常是一丈八尺长，一尺三寸宽，刚好能够缝制一套新衣服。用“家布”做成的衣服，贴身、透气、耐穿。穿着这样的衣服走在村巷间，立刻会引来众人的一片赞叹声。

据目前尚存的旧式服装看，明清及民国时期，仫佬族男子多穿琵琶襟上衣，仫佬族人称之为“布刻”（只有富裕乡绅或有功名的人才穿有领上衣或长衫）。上衣长度可遮住臀部，身宽袖大，缝扣开在右胸侧，单扣，无风领，衣袖约长过手指五六寸，俗名“木桶盖”，也称“琵琶襟”。裤子的裤筒长齐踝骨，由膝及踝，上宽下窄，近踝处开衩，以便束缚。两个裤筒不相连，上端各缝系带一条。穿着时，把带系在裤腰带上，裤管便不会下坠。普通人家的成年男子一生只缝制一件长衫，一般做客的时候才穿，异常珍惜。后来，穿琵琶襟的人逐渐减少，改为穿大襟衣，大襟衣将开于胸右侧的襟移到肋下，样式与琵琶襟衫相同。与此同时，开始出现“紧身衣”，这种服装胸围狭窄，小袖，长不过腕，对襟密扣，多穿在外衣里面。“紧身衣”因衣窄而紧贴身体，隔住冷风，便于保暖，故多用于冬衣。20世纪20年代前后，人们逐渐改穿对襟上衣，较为窄短，袖子不盖过手。刚开始是九扣两袋（一颗领扣，四排双扣，下襟二袋），后来又变成七扣四袋（七排单扣，上襟加二袋）。腰带是人们常用的衣服配饰，冬天用长约一丈、宽约一尺的青布束腰，既保暖，又便于劳作。

妇女一般都穿大襟上衣、长裤。妇女的上衣长度一般都到膝盖，青年女子上衣尽管较短，但亦须遮过臀部，大襟，无领，胸围和袖都很宽松，前襟边缘及领的周围和袖口，都要钉大小三道“栏杆”（镶边），边上两道，宽约半寸，最里一道，宽约一寸半。裤子样式与男子相同。20世纪30年代以后，妇女的衣服式样有所改变，襟袖逐渐趋向短窄，衣袖缩至手腕处，也不再钉“栏杆”，无领逐渐变为

仫佬族传统服装大多为琵琶襟，袖口和裤脚绣着精美的花纹。它们用“家布”做成，贴身透气，人们通常是赶圩、走坡、走亲戚时才舍得穿

有领。中老年妇女平日喜欢在腰间系青色围裙，围裙用自制的“家布”做成，裙边由抽纱拧线织成网状的花纹，网下边垂有流苏。围裙系带长约 2 米，宽约 7 厘米，用黑白棉线织成黑白相间的几何图案，系带两头亦有网状丝络，朴素而雅观。

背带是仫佬族妇女一生中最重要的育儿用品之一，孩子出生三朝时，外婆即将背带送到女儿家备用。背带芯是背带上的核心部位，上面通常会绣有石榴、蝙蝠、蝴蝶以及鲜艳的花草图案。一条背带就是一份浓浓的祝福　廖光福／摄

头饰通常是银质或铜质的小佛像、小铃铛，手上戴的是银手镯、玉手镯等，非常贵气，普通人家一般不戴。不论男女，平日里穿草鞋或赤脚，只有到了寒冬、农闲、节日或走亲访友时才穿上鞋子。男鞋先为双梁、对襻或单梁、单襻的白底青面布鞋，女布鞋先为尖头、单梁、翘底的“船形鞋”，鞋头绣有花，非常漂亮。后来，男鞋都是方头、圆口、单襻、单扣或无襻、无扣、无花的布鞋。草鞋则有稻秆鞋、竹麻鞋、黄麻鞋、棉线鞋和绒线鞋，稻秆鞋和竹麻

鞋都比较粗糙，供平日劳动穿用；黄麻鞋是麻纲、麻耳、麻底，精致且耐用；青年女子赶圩或走坡时，会穿上棉线鞋或绒线鞋。倘若见到青年女子穿着这种鞋子，就知道她们是未婚的姑娘，可以大胆唱歌求爱。

随着时代的进步，“家布”已为工业纺织品所取代。它们品类繁多，轻盈飘逸，色彩斑斓，告别了蓝黑二色，赏心悦目。然而，在村民眼里，“家布”是最接地气的，街上卖的各种布料，始终敌不过他们自己纺织的“家布”。如今，老人去世在村头竖的布幡、入殓用的防老衣、孝男孝女穿的孝服、外婆给外孙做的“乜带”（背带）、新媳妇给家公家婆做的新鞋等，用的全都是这种自己织的“家布”。这是因为“家布”的每一根丝线，都存留着外婆、女儿和媳妇的手温，有来自土地的气息！当然，如今人们脚上的风景更是别具一格，花样繁多。至于草鞋，它们早已躺在村头的民俗博物馆里，成了旧日时光的侧影。

斗几斗糍粑

在大年初一、初二的晚上，仫佬族家庭里，挤满了人。他们穿梭忙碌，有的烧火，有的煮鸡蛋，有的准备茶油，有的清洗铁锅、舂坎、冲棰，准备斗糍粑。

在罗城方言中，“斗糍粑”中的“斗”音同“豆”，意为“舂”，“斗糍粑”就是“舂糍粑”；“几斗”中的“斗”音同“抖”，为量词，一斗指一斗米，因糍粑有大有小，故一斗米做出来的糍粑数量不一。

仫佬族人在婚嫁后回门、新生儿满月时都会斗糍粑赠送亲友，而春节时几乎家家户户都在斗。多的斗二三百斤，少的斗五六十斤。所斗的糍粑用的是上好的大糯米，这种米黏性足，有韧劲。这种糯米，要是用冷水浸泡，需要泡一天一夜；要是用温水浸泡，三四个小时即可。泡好后捞起来放在簸箕里滤干水，再放到大号的煤砂罐或木制蒸笼里用大火蒸熟。然后趁热倒入舂坎里，由两个身强力壮的壮汉各高举一根约五尺长、直径三寸左右的圆柱形硬质舂棰，轮番不断地上下舂，直至将糯饭舂成糊状。再由心灵

人们会给每枚糍粑都印上艳丽的图案，让这些糍粑变得赏心悦目、喜气洋洋　蒙增师／摄

手巧的青壮年妇女，双手擦上蛋黄和茶油，把舂好的糯饭团捏成一个个小孩子拳头大小的白馍，放在撒有米粉的簸箕里，用掌心碾压成圆饼模样的白糍粑，摆放在事先备好的木板、条凳上或簸箕里阴晾。待白馍逐渐变硬又尚柔软时，用刻有梅花或五角星图案的印模蘸上红花粉水，在每一枚白糍粑的正反两面中央盖上印记。圆溜溜的白糍粑，有着阖家团圆的美好寓意，让人看了心生欢喜。

所斗的糍粑，除了自家食用外，最重要的是赠送亲友。

要是一对夫妇刚刚结婚，大年三十晚，男家要接新媳妇回家里过年。新娘在男家住两晚，大年初二带新郎回娘家拜年（仫佬族人叫作“回门”），新郎要给女家的六房叔伯兄弟各送上一份礼物，如鸡、腊肉等。大年初四或初六时，由新娘房族内的伯娘、叔娘或嫂子领着一帮女眷，用走亲小竹箩挑着一担担雪白的印花糍粑，排成一条长龙，送到男家，叫作“回礼”。给新生儿办满月酒时，人们也斗糍粑相送。春节期间的亲友往来亦如此。有的家庭，为了装担好看，斗糍粑时会做一个海碗口那么大的糍粑。装担时下面一层一层地铺上小糍粑或者大米，上面用这个特大糍粑盖上，显得特别大方、特别喜气。

现在，每逢喜庆节日，特别是春节期间，人们依然延续着斗糍粑的传统。你要是看到一队男女青年，每人挑着一担白白的、圞圞的糍粑，谈笑风生地走在路上，那一定是他们在给新媳妇送糍粑。

包个枕头粽

仫佬族人过节时会包各种各样的粽子，有长米粽、大肚粽、三角粽、枕头粽等，而枕头粽是最具民族特色的一种。有人说，仫佬族日常的食品是真正的绿色食品，这是一点都没有错的。这些食品的选料用料都顺应自然，切合时序。农历二月春社包枕头粽，三月清明包艾糍粑，五月初五包荤粽，六月初六包素粽，八月秋社包狗舌糍粑，每个季节吹每个季节的风，每个季节有每个季节的食品。

包枕头粽用的是冬叶。这种草本植物有野生的，也可以种在菜园边和房前屋后的空地上。它的叶子宽大、光滑、透气，色彩青翠欲滴，用它来包的粽子，长久保存不易变质。枕头粽的体量非同一般，每个六七斤重，因形状如同枕头而得名，仫佬话叫作“欣洛”。

包枕头粽的时候，先把冬叶摘回来洗净晾干，同时将糯米浸泡半天，然后捞起沥干水。再找来一张大小合适的方桌，摆上几根糯禾秆芯，然后将冬叶一层层摊开，约莫摆成一尺宽。随后将混着瘦腊肉、板栗仁、花生仁、饭豆、食盐和豆酱的糯米摊铺在冬叶上面，再用禾秆芯绑紧，放进大煤罐或大铁锅，煮上一整夜，第二天一早便熟了。

每年二月春社包的枕头粽，除过节时食用一部分外，余下部分可以挂在通风处或置于香火台上。春耕大忙时，切开煎热可以当早餐；清明节扫墓时，拿去祭祖后可以当中餐。食用时，双手拿着一根韧韧的龙须草或一根细绳绕粽子一圈，用力一绞，想割多少就割多少。

这种枕头粽，娶新媳妇和刚当外婆的人家会做得多些。因为新媳妇过节要回娘家，夫家要做这种枕头粽送亲家。新媳妇背着儿女回娘家或到亲戚家过节，节后转回夫家时，娘家或亲戚家也会包枕头粽相送，少则几担（每担十个），多则十几担。夫家送这种礼物表示两家之间的交往正式开始；娘家送这种礼物，除人情往来外，更多的是期盼两家的交往从此以后更加密切。

关于枕头粽，有一个意味深长的传说。从前仫佬族人只会斗糍粑，不会包粽子。一天，相邻两个村的仫佬族和壮族小伙子一起上山放牛砍柴，到了中午就坐在一起吃午餐。仫佬族小伙带的是糍粑，壮族小伙带的是粽子。他们把糍粑和粽子放在火上烤着吃。仫佬族小伙看到壮族小伙手里的粽子，感到很好奇，便相互换着吃。仫佬族小伙觉得粽子不光外形好看，味道还很特别，便向壮家兄弟请教包粽子的方法。回到家后，如法炮制，果然包出了美味可口的粽子。包粽子的方法一传十，十传百，整个村子的人都学会了。不知道什么时候起，人们把粽子当作赠送亲友的礼品，这就开始有了讲究。如果一家包的粽子个大，送人则会脸上有光；而另一家包的粽子个小，送给亲友就一点面子都没有。于是，各家包出来的粽子，一家比一家的大，一家比一家的好看，最后才有了今天的特大粽子。

这个学包粽子的传说说明仫佬族是一个善于学习的民族，同时也是一个善于与兄弟民族交往的民族。在漫长的历史长河中，仫佬族与壮族相互交往、相互学习，取长补短。这种民族交融的情况是历史的真实，用现在的眼光看，就是民族团结的典范。

包枕头粽的习俗，仫佬族至今仍保留着，逢年过节都会包上一些。理由很简单，那滚圆肥硕的枕头粽，包裹着浓浓的情意。

人生礼俗

▼走坡倚歌择配，依饭虔诚感恩。
生有欢歌，死有哀荣。

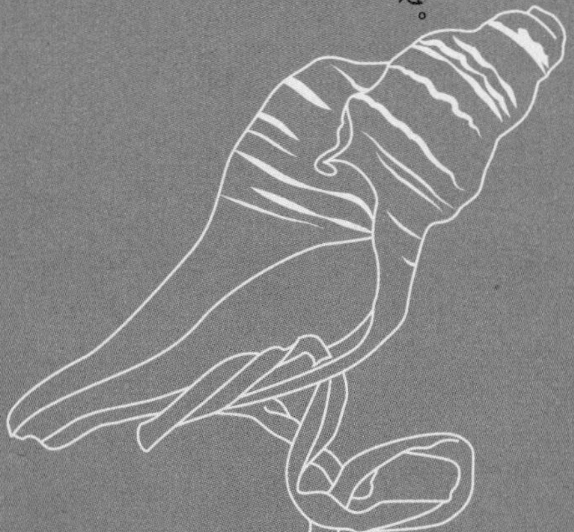

哥送月饼妹送鞋

仫佬族是一个热爱唱歌、擅长唱歌的民族，他们把日子放在歌里过。

仫佬族有一个特别的习俗，就是新年的第一声春雷响起时，家里的小孩就会飞速跑到厨房，拿起筷子筒不停地摇动。顿时，筷子与筒壁、筷子与筷子相互撞击，嘎啦嘎啦之声盈屋满室，清脆悦耳。据说，小孩这样摇动筷子筒，长大之后便会口齿伶俐，能唱山歌，爱唱山歌。

走坡是仫佬族青年男女传统的社交方式，故走坡节又叫“后生节”，这是“倚歌择配”传统习俗的一种直观体现。仫佬族的走坡与壮族的歌圩差不多，都是一种通过对歌来交朋结友、寻找意中人的社交活动。走坡是一个很有意思的词，走坡走坡，走的是“坡”，“坡”就是野外、旷野，那里有青山碧水、芳草野花，还有蓝天白云和轻轻吹拂的凉风。走坡节是仫佬族的情人节，走坡活动不仅充满着荷尔蒙的气息，也弥漫着浪漫主义的色彩。青年男女在山坡上以歌会友，以歌传情，庄重得体，体现了仫佬族人的纯

在走坡的季节，漫山遍野的歌里都带着甜蜜的气息　蒙增师／摄

朴与浪漫。

春秋二季是仫佬族传统的走坡季节，其中又以春节和中秋节最为隆重、最为热闹。因为此时新一季的农事尚未开始或已经颗粒归仓，田地里的农活基本上完结了，土地正处于休眠期，人的身心彻底放松，所以可以放心去走坡对歌了。

走坡是隆重的活动，届时人山人海，是展示个人风采和魅力的好时机。打算去走坡的青年男女，一大早就起来精心打扮一番，竭尽所能让自己显得大方得体。男的英俊帅气，女的妖娆多姿。仫佬族青年男女一群群、一队队，男青年头戴麦秆帽，女青年手撑油纸伞，一起来到野外空旷的土坡上对歌，寻找自己甜美的爱情。

走坡的场面有大有小，大的有几千人，小的百来人、几十人，甚至是两男两女、一男一女。他们来到风景宜人的旷野、坡地、峒场，先是站在远处，仔细观察山坡上、峒场里来来去去的人群，寻找自己心仪的对歌对象。一旦瞄定目标，男青年就吹指口哨，引起女孩的注意，然后引吭高歌，勾起对方的歌瘾。男青年会先唱《风流歌》，试探一下对方：

唱歌先，
工夫不做丢一边。
工夫不做工夫在，
风流没有几多年。

在以前，每当有年轻妹仔从村前的大路上经过，村里的男青年就会吹响亮的指口哨，以引起女孩的注意。甚至那些在田地里干活的年轻人也会扔下锄头刮子，加入“撩妹”的队伍。他们一面尾随妹仔，一面唱起“拦路歌”，还顺手摘下一片青青的树叶，含在嘴里，吹起比指口哨更加清脆的青叶口哨。指口哨和青叶口哨都是高难度的口哨，不仅需要足够的气息，还需要一定的技巧。因此，对那些会吹这两种口哨的人，我总是羡慕不已。那直冲云霄的青叶口哨声，像是在招呼村中同伴，又像是在呼唤眼前的女孩。但姑娘们听到这样的口哨后，会立马加快脚步往前赶路，根本不理会那些男青年。因为姑娘们不是赶圩，就是走亲戚，走到这里，太阳差不多要落山了。她们无心搭理这些"自作多情"的青年，只顾埋头赶路，否则天黑下来就看不清山路了。而村里的男青年也无所谓，还是"锲而不舍"地用歌声为姑娘们送行，直到天完全黑下来才返回。第二天，要是还有姑娘经过，同样的场景就会重演，剧情基本上没有什么改变。

"工夫不做工夫在，风流没有几多年"，这样的山歌，是真实的生活场景，没有任何虚假的成分。仫佬族农村青年有干不完的活，也有唱不完的歌。但是他们也需要爱情，需要婚姻。"工夫"可以暂且放下，然而"月过十五光阴少"，"风流"岁月是极为短暂的。因此，男青年先从农活唱起，这是一种自觉行为，说明他们并不忘劳动这个根本。

一首首婉转悠扬的风流歌、邀唱歌，像一只只美丽的蝴蝶，在山坡、峒场上高飞低翔，挠痒了姑娘们的歌喉，勾起了她们的歌瘾。然而，姑娘是内敛羞涩的，并不立马还唱，而是拉来自己的同伴，攀肩而立，静静地听。男青年见对方没有动静，于是继续唱《邀唱歌》：

我就将言问过妹，看妹入场不入场。

大海中间起屋住，试看龙门凉不凉。

邀唱是门技术活，请将不如激将。唱歌常常是男孩子首先“出击”，极少有女孩子主动开腔的。这是千百年来形成的习俗，而女孩的这种羞涩也会让谈情说爱更富情趣。男孩子一番唱下来，要是姑娘还是不为所动，男青年就会接着唱：

路上逢水暂吃水，
莫等茶！
相逢不唱，
几时等得牡丹花？

“路上逢水暂吃水，莫等茶！”这不是一种将就，而是劝对方要珍惜眼前的机缘，不要让青春白白流逝。“花开堪折直须折，莫待无花空折枝。”青春就像那山上的花一样，你不摘，它就要枯萎凋谢了。

经过男青年一唱再唱《邀唱歌》，姑娘们再也按捺不住怦怦的心跳，她们开始交头接耳，窃窃私语，你推我，我推你，一些相对大胆的姑娘站到队伍前头，撑着油纸伞半遮着脸，试探性地唱道：

远远听闻树叶响，不知落雨是翻风。

真是有心同妹唱，还是自己解闷空。

尽管开了腔，但还是心有疑虑，不知道对方是不是真心与自己唱歌。女孩子缜密的心思，由此可见一斑。不是不想唱，而是不敢唱，怕对方不真心，枉费自己的一片真情。

小伙子见自己费尽心思终于有了回音，一下子就有了满满的成就感，于是接唱《盘问歌》：

望妹将言报我真，开口就问妹花根。

何村何名讲我听，哪日得空我去寻。

这一问，单刀直入，很直接，很坦率，没有任何的拐弯抹角。“我一定要找到你”，因为我猜想你就住在这附近，跟我同赶一个圩。姑娘们听到男孩唱的歌，一点都不含糊地回应：

我村打鼓你村响，你村卖茶我村香。

不共社堂不共庙，共个衙门上公粮。

在这样的你问我答、我唱你和、你来我往、互表诚心之后，双方继续做进一步的了解，为过后的倾吐真情做铺垫。于是双方开始唱《初逢歌》：

男　女字旁边作个我，哥今又逢妹娇娥。
　　今日有缘逢着妹，有缘逢妹来唱歌。
女　哥也相逢妹相逢，好比牡丹遇芙蓉。
　　哥妹有缘来相会，都是天生注定中。

“哥妹有缘来相会，都是天生注定中。”冥冥之中自有天定，今天我们在这里相遇就是上天的安排，正所谓“有缘千里来相会，无缘对面不相逢”，相逢就是一种缘分，我们就当珍惜眼前这份机缘。

在双方对唱完《初逢歌》后，相互间算是有了初步的了解，于是双方又唱起《问村歌》：

男　望妹开言报我真，生辰八字和年庚。
　　何村何姓又何名，哪日得空好去寻。
女　唱歌祝报我同年，无村无名报你真。
　　不信你俩就去看，树叶荫荫是我村。

“树叶荫荫”的村到底是哪个村？不知道！到处都“树叶荫荫”！反正我们村的树很多，风景很美，但我就是不告诉你。这种钓鱼式的男问女答，拐弯抹角，悬念迭出，是很吊瘾的。女孩显得很调皮，这大概就是男女青年走坡对歌的魅力所在。

在相互认识，并有了初步的了解之后，双方便放开歌喉，唱起《初连歌》，表达对对方的欣赏和倾慕之情：

男　今日来到桂花园，得见好花白连连。

　　哥想问双取一朵，思量在心口难言。

女　初来连，初初来到桃花园。

　　初初来到花源洞，不知哥爱是哥嫌。

歌越唱越欢，情越交越浓，依依不舍中，太阳已经架在山梁之上，夜幕即将降临，眼见天马上就黑了。分离在即，双方不免有些失落。于是双方唱起了《约定歌》：

男　妹英台，请妹算哥哪日来。

　　算得哪日就哪日，天晴落雨哥都来。

女　凭哥算，不论哥算哪时来。

　　今日初逢是哥算，亥字立言事正该。

日常生活中，谦让是一种美德，然而，在走坡对歌时，这种谦让是一种技巧、一种趣味。明明是三言两语就能说清楚的事，我就是不直接说，让你干着急。但是，分离是必然的，因为家里还有大把的家务活等着她们回去做，再不回去父母就要责怪了。于是，双方最后约定：

男　妹花枝，妹若有心算后圩。

妹哄爹娘去买布，我哄爹娘去买书。

女　哥定哪日就哪日，不管晴雨一齐来。

来到坡中得相见，哥妹二人心花开。

“妹哄爹娘去买布，我哄爹娘去买书。”约会也是需要动点心思才行的，你不能直接对父母说：“我去约会。”得各找一个借口——女孩上街买布，男孩上街买书。女孩买布说明心灵手巧，男孩买书说明追求上进。这样的借口很“高大上”，明事理的父母都会同意的。你看，走坡中的仫佬族青年男女，就是这么聪明！

双方定好日子之后，男青年心中暗喜之余，又怕对方反悔，于是又唱起《问定歌》，讨要“定”（礼物，定情物）：

男　妹英台，问妹真来是假来。

若是真来下个定，下个定物表心怀。

女　真不该，出门一样不带来。

镜子手帕打忘了，只有脚底烂草鞋。

男　哥不论，不论脚底烂草鞋。

妹若有心送给我，也得日里去砍柴。

女　草鞋烂了四条筋，筋筋又脏不好分。

明月作证石为凭，阿哥谅解也就行。

礼物不在多么金贵，随便什么都可以。如果什么都没有，就是脚上穿的草鞋也行！男孩的急切心情，表露无遗。姑娘知道，今天要是不给对方一样东西，估计是很难“脱身”了。于是，便从自己口袋里掏出一面小圆镜或是别的小物件送给男方，算是给了一个“定”。得到“定”后的男孩，心情自然是非常舒畅快乐的，于是就唱起了《暂离歌》：

男　暂离十几妹英雄，交颗红豆给妹栽。
　　妹想哥来哥想妹，哥妹相思再转来。
女　风吹云动天不动，水推船移岸不移。
　　刀切藕断丝不断，我俩人离心不离。

“刀切藕断丝不断，我俩人离心不离。”这就有点发誓的味道了。“藕”就种在村头的水塘里，收藕时的“藕断丝连”是农村的生活日常，他们很熟悉，因此他们把它唱到歌里。

歌唱到这个份上，男女双方开始“心有牵挂”，恨不得马上能够牵手。于是到了约定的时间，双方再次来到山坡上时，开口就唱《守等歌》：

女　我在坡上久久等，独坐石头等哥来。
　　日上午竿树影动，风吹树叶疑哥来。

男　旧花枝，因我贫穷来得迟。

走到上村去借米，又到下村去借衣。

“日上午竿树影动，风吹树叶疑哥来”，这是女孩心有所属的相思“症状”;“走到上村去借米，又到下村去借衣”，这是男孩的“苦肉计”，故意用辛酸的口吻、伤心的语言、孤寒的心境和无奈的情感来刺激女方，目的是让对方对自己产生同情、怜悯之心。

守等难，守等苦，“观音不耐不成佛”，守等就像是观音修佛。其中有故意为难的成分，女孩通常会对男孩讲:“单日妹忙纺纱线，双日妹要理菜园，若定哪时来相会，记妹言，翻看历书，不单不双慢来连。”男孩思索一番之后，猛然醒悟:“双日妹要去种菜，单日又把纺车开，不单不双才相会，妹好乖，‘孩’字分开，喊哥半夜魂魄来。”把“孩”字拆开，就是“子”和“亥”，子时亥时，就是三更半夜，怎么约会？男孩知道这是女孩故意为难他，于是他就唱起《叹苦情》，感叹自己悲苦的身世：

单身难，夜夜回家门仍关。

两手打开大门望，火在人屋水在滩。

单身悔，单身独自真受亏。

担得水回火又灭，放桶只管扑地吹。

苦到什么程度？苦到因为去挑水，火没人看，回到家后立马放下水桶，匍匐在地吹火！世上最苦的事估计也就是这样了。叹完苦情，接着唱《孤单歌》：

卯时想，天已光，低头低脑走出房，去到灶口叹口气，泪唰唰！锅空灶冷，水缸干像晒谷场。

巳时想，到放牛，村头村尾滚游游！弟家无牛又无马，空悠悠！没有想头，关在屋里头勾勾。

水缸干了，干到什么程度？干得像晒谷坪一样，没有“望场”了。家里面什么值钱的东西都没有，没有什么想头了，只能自己将自己关在屋里，头也勾着，真是绝望到了极点。唱完《孤单歌》又接着唱《怄气歌》：

开言祝报妹英华，十字横行弟是差。
六月又无蚊帐吊，十月又无棉被遮。
世上人苦算弟苦，活在心中不好言。
五月又叹无米煮，十月又叹无衣穿。

六月没有蚊帐，十月没有棉被；五月没有米煮，十月没有衣穿——真是穷得叮当响。这种状况，有几个人能挺得住？生活还有什么希望？连死的心都有！于是就唱《愿死歌》：

恹气多，开门见山又见河。
阿妹抬头望大路，不见阿哥泪成河。
恹气得多头又痛，眼泪流多眼又朦。
手巾抹泪手巾烂，手指抹泪骨头溶。

“手巾抹泪手巾烂，手指抹泪骨头溶。”这是流了多少泪，用手巾抹泪，手巾都烂了，用手指去擦眼泪，连骨头都溶掉，真是伤心伤到无以复加了。这种紧贴着生活真实的夸张手法，在这里运用得至精至巧，叫人惊叹不已。

愿死不是真要死，只是一种对歌的技巧，是对不能成双成对的一种哀怨，目的是让对方更深入地了解自己的情意，直至对自己产生爱慕之心。这是一种表白的方式，也是一种求爱的试探。接着，双方就唱起了《结双歌》：

结就结，路边草籽结由由。
路边草籽由由结，我俩结双到白头。

歌是唱不完的，时光却不等人。唱完这些歌，天快黑了，姑娘又要回家了，双方不得不分离。于是，男子就唱起《难舍歌》：

黄昏鸟儿叫连连，我俩话头说不完。

世上三年逢一闰，为何不闰唱歌天。
回去了，回去莫要踩石头。
妹踩石头见脚印，见妹脚印眼泪流。

这世上每三年就闰一个月，但是没有闰“唱歌天”的。只能叮嘱姑娘在回家的路上不要踩石头，踩石头会留下脚印，小伙看到了会伤心。这就不是一般的关心了，而是无尽的牵挂。

经过几次对歌，男女双方从相识到相恋，再到互赠礼物，双方感情已如胶似漆，可谓“一日不见，如隔三秋”。这时候双方就唱起《想双歌》：

男　想双走出大门望，望东不见转望西。
　　得见高山不见妹，转回泪流到鸡啼。
女　想哥走出大门望，望见雪飘盖满山。
　　望见人行不见哥，泪流就比水下滩。

情歌唱到这个时候，男女求爱的条件已经成熟，双方互送定情信物，订下终身。女方一般给小伙子送“同年鞋”（定情鞋）。“送哥一双黑面鞋，千针万线细思量。哥若有心仔细看，行行都像并蒂莲。”仫佬族山歌唱的就是送“同年鞋”的情景。这不是一般的鞋，而是凝聚着姑娘心血的鞋。据说，仫佬族姑娘在做“同年鞋”时，会用针刺破手指，将两滴鲜血滴在鞋内，表示对爱情的坚贞不渝。小伙子则买一把手巾（罗城人说“一条手巾”为“一把手巾”）、一团丝线作为答礼。要是刚好在中秋节这天，小伙还会买月饼送给女方。同时，男孩也会趁此机会向女孩表露心迹：“生不分来死不分，我同妹，共一村，生时共枕，死时同妹共个坟。”“命带八败我也爱，命是杀夫我也图。今日娶回明日死，也得名声做妹夫。”这不由得叫人想起那首古老的民歌：“上邪，我欲与君相知，长命无绝衰。山无陵，江水为竭。冬雷震震，夏雨雪。天地合，乃敢与君绝！”天地间再也没有比这更为忠贞的爱情了。双方的情意到这里就达到了一个顶峰，彼此心领神会地唱起《多谢歌》：

男　八月十五月团圆，哥送月饼表姻缘。
　　为了我俩成双对，礼轻情重妹莫嫌。
女　八月十五同赶街，哥送月饼妹送鞋。
　　哥的月饼花钱买，妹的绣鞋手中来。

歌声表心声，心声变歌声。在山坡上纵情放歌的男女青年，开始渴望着成为一对幸福美满的夫妻，开始展望美好的家庭生活。于是，双方唱起《建家立业歌》：

男　哥妹成婚正当时，得妹共家心花开。

阿哥得妹同家住，共盆洗脚共双鞋。

女　有缘我俩共家住，夫妻一世笑盈盈。

洗脚同哥共盆水，洗脸同哥共手巾。

仫佬族走坡情歌往往先做好铺垫，然后逐层推进，一环扣一环，这说明仫佬族人对爱情是一丝不苟的。青年男女谈情说爱，像是起造一座房子，砖是一路一路地砌，砌完一路，再砌下一路，直到最后“封顶”，成就一桩美满的婚姻。

在走坡情歌里，弥漫着一股《诗经》的浪漫气息。在那里，我们能够看到“有美一人，清扬婉兮。邂逅相遇，适我愿兮”的浪漫邂逅，能够看到“彼采艾兮，一日不见，如三秋兮”的刻骨相思。自然地，我们也能看到“静女其姝，俟我于城隅。爱而不见，搔首踟蹰”的甜蜜约会，也能看到“摽有梅，其实七兮！求我庶士，迨其吉兮”的大胆求爱。

在仫佬族山歌中，赋、比、兴和夸张、双关等艺术手法的运用比比皆是，而且运用得相当纯熟，几乎可以说是信手拈来。比如歌中男孩经常称呼女孩“妹花枝”“妹花球”“妹花根”“妹英台”“妹英华”“妹英雄”“妹娇娥”等，一首首情歌唱开来，就像山上盛开的一朵朵鲜花，不仅形象贴切，而且含有浓浓的情意。“手巾抹泪手巾烂，手指抹泪骨头溶。”这样的夸张已经是艺术表现的极致了。当然，仫佬族情歌里有快乐，也有忧伤。快乐有快乐的唱法，忧伤有忧伤的表达。各美其美，美美与共。

“关关雎鸠，在河之洲。窈窕淑女，君子好逑。”妹，走坡去！哥，走坡去！

古韵悠悠的婚礼

凤有约，花不误；蓝田种玉，枫叶题诗；桃花灼灼，宜室宜家。用这些炫目的词汇来形容一场美好的姻缘，犹如满天的烟花，会照亮人的一生。人们期待的是瓜瓞绵绵，尔昌尔炽。

仫佬族人自古就与壮族、汉族等通婚，同姓亦可成婚，但同冬、同房族不婚。仫佬族与壮族一样，没有表兄妹结婚的习俗，近亲结婚是仫佬族婚姻的一大禁忌。而无论男孩女孩，想要在走坡中引人注意，就必须学会唱山歌，不会唱山歌的男孩女孩，婚配的选择余地就会大大减少，只能把希望寄托在媒人身上。

仫佬族子女达到结婚年龄后，父母就会替他们物色对象，遣媒议婚。大致来说，仫佬族的婚娶有三个步骤：说媒、订婚、结婚。具体而言，则需走完以下程序：说亲、合命、相亲、看屋、会亲、过礼、修容、开剪、迎亲、发亲、送嫁、拦门、进门、拜堂、闹堂、回门等。

/ 说亲合命 /

在仫佬族婚娶过程中，当男家看上某家女子后，就会请媒人前去女方家征求他们的意见，叫作“定彩头”。女方父母如果同意，就把女儿的生辰八字交给媒人带给男家。男方父母先将八字压在香炉底下，在三、六、九日期间，如果不发生母鸡鸣叫、打烂碗碟等反常的事情，就说明祖宗已经认可了这门亲事，就可以走“合八字”的程序，请算命先生算命。如果算命先生算出来男女双方的八字相生相合，表示“成”，则可以订婚。男方就留下八字，并送两斤猪肉到女方家，以示“暖婚”。如果算出来的结果是相冲相克，表示“吹”，男方家就退还女方八字，这门亲事便告吹了。退回女方八字时得给女方家一些“压礼钱”，表示歉意。

/ 相亲看屋 /

八字相合之后，媒人便到女方家告知女方父母，并商定一个时间和地点，安排双方相亲。相亲过后如果双方同意结为夫妻，女方还要在媒人或一两个女伴的陪同下，到男方家“看屋”。所谓“看屋”，其实是看家底、看人，看未来的婆家人待人接物的礼节是否周到。最主要的，还是看男方身体是否健壮。而健壮与否，主要是看吃得几碗饭。在农耕社会里，只有能吃三碗饭的人，才能挑得百斤担。有力气，能干活，是女子选择配偶的一个重要参考条件，否则她未来的幸福生活就难有保障。要是仅能吃一碗饭，说明男方在体力上有所欠缺，女方就会考虑是否要同意这门亲事。相亲与看屋过后，倘若彼此同意结为终身伴侣，双方就互相交换一些礼物。男方母亲会送给女方一些钱或一匹“家布”，算是下了个“定”，给女方吃个定心丸。此外，双方还会送给媒人一些钱，感谢媒人牵线搭桥，成就好事。日后，待婚事全部结束，还得给媒人一份额外的酬谢。

/ 会亲过礼 /

清雍正金鉷修《广西通志·诸蛮》记载：“狑獠名曰姆姥……婚礼媒妁议允，男家先担酒肉置路旁，女族少长经过，截留而饮食之，以所余者携归。卜日，女族亦荷酒肉置前路所答复，名曰‘会亲’。”

下“定”过后，在双方“婚姻经纪人”媒婆的“导演”下，双方约定时间和地点，由男方家挑去一小担酒肉，放在十字路口，然后避开。随后，原先不知道隐蔽在哪个角落的女方父母、亲戚便集体现身，在路边饱餐一顿，吃不完则全部打包装走。第二天，女方家也如法炮制，挑来一担酒肉还礼，男方家吃不完照样打包装走。这个仪式主要是考察双方家庭舍得不舍得、大方不大方，要是吝啬过度，就会丢面子，婚事就有可能横生枝节，甚至直接泡汤。会亲这个古老的仪式，风情摇曳，戏剧性和画面感十足。可惜的是现在已经消失，人们再也无法目睹一群人在野外大快朵颐的欢乐场景了。

会亲完后，媒人就与男方父母商量聘礼钱，叫作“讲礼”。商定后，由媒人从男方家里带上猪肉八斤、公鸡一对、酒两壶、彩礼银若干前往女方家订婚，称为“定亲”“回六合”，这便算是完成定亲手续了。定亲之后，男方再找算命先生择个吉日给女方送去聘礼，礼金的数量一般为一千五百斤至两千斤干谷，叫“过礼”。过礼之后，两家就成了儿女亲家，其他的男女青年就不能与这对男女青年谈情说爱了，否则就是不道德的行为，会遭人议论。

过礼完成后，媒人牵线搭桥的工作就告一段落了，接下来的事就是男女双方各自做好婚前的各项准备工作，等待吉日良辰的来临。

/ 修容开剪 /

吴才珍先生在《仫佬族风情志》里，对过去仫佬族出嫁女子的修容过程有着详细的描述。一是梳洗，将脸洗净，辫子梳得整整齐齐，把面部和头部分出来，头发和汗毛分出来。二是开脸，在脸上特别是在汗毛较多的唇边、两眼皮上，涂上灶灰，然后将细白棉线一头咬在嘴里，一头拿在手上，在脸上反复绞扯，把汗毛绞尽。三是修眉，把眉毛修得又细又弯，美如一枚上弦弯月。四是梳妆整辫，用木梳由前往后反复梳理头发，结成两条细长的辫子，然后在面部、辫子上擦少量山茶油，让面部、辫子整齐滑亮。

作为农家女子，仫佬族姑娘出嫁前的修容，是她们一生当中最重要的一次梳妆打扮，标志着她们即将告别待字闺中的日子，走向婚姻的殿堂，开启她们人生的另外一窗风景，追求美好幸福的生活。

男方来家里过完礼之后，女方就要择定吉日，请一个附近声誉好的高明裁缝师傅，剪裁嫁衣，置办衾被蚊帐之类的嫁妆。最为特别的是，女方要亲手为男方的长辈各做一双棉鞋，给新郎和他的兄嫂弟妹做一双布鞋。这是新娘融入男方家庭的第一步，所以新娘会竭尽所能，打起十二分精神，精选布料，细心裁剪。针线在她指掌间不停翻转缠绕，她把星光纳进去，把月光纳进去，把山风纳进去，把稻香纳进去，把浓浓的情意纳进去。在婚礼当天，这些新鞋会整齐地摆放在堂屋显眼处，所有前来贺喜的亲戚朋友都会对新娘的手艺赞不绝口。

/ 迎亲发亲 /

吉日良辰到了，男方便去女家迎亲。一大清早，新郎的父母便着手安排祭祖事宜，姨娘们则开始装迎亲担。吃过早饭之后，迎亲队伍按照事先安排好的分工，在噼噼啪啪的鞭炮声中，浩浩荡荡地往新嫁娘家出发。迎亲队伍有着固定的序列，迎姑走在最前列，然后是茶童、红娘，最后是押礼公和媒人。这样的秩序要保持到新娘家，中途不能搞乱，否则就不合礼数。

这支迎亲队伍的组成是很严格的，人数不能随意增减。计有押礼公一人，由房族内一名男性长者担当，此人必须夫妻双全，头脑灵活，反应敏捷；少女迎姑二人，少男茶童二人；中年妇女红娘四至六人。无论是迎姑、茶童，还是红娘，都须父母双全，寓意好事成双、白头偕老。带去的迎亲礼有猪肉二挂、猪肘二个、大红公鸡二只、红酒二坛。此外，还有“家布”口袋二个，内装茶盘二个、红纸封包若干。其中两个写上“天圆”，各装槟榔两枚；两个写上“地方”，各装黄糖两块；两个写上“山盟”，各装茶叶两包；两个写上“海誓”，各装食盐两包；两个写上“聘金”，各装上写有“祀祖”“梳妆”“开伞”“袜底”“厨房”“聘金”的六个小红包。小红包内旧时装银毫，后来改装纸币，数目都是双数。其中，“厨房”的小红包有点特别，里面装的钱数不是三角六分，就是三元六角，一定得符合“四九三十六”的吉祥数目。这些都是古礼，是老祖宗传下来的，不得随意更改。“天圆”“地方”“海誓”“山盟”，是彩头话，是吉祥语，同时也是坚贞爱情的象征。“祀祖”“梳妆”“开伞”“袜底”“厨房”“聘金”，婚姻大事，天作之合，遵礼而行，不能潦草从事，对祖先，对帮助自己化妆的人、撑伞的人、给垫脚钱的人、给自己提供膳食的人，以及用钱财给自己贺喜的人，都要怀着虔诚感恩的心。

迎亲是一场婚礼中最有趣味的环节。交接彩礼时，男女双方两位长者的对话很庄重严肃，也很有仪式感。新娘家的庭前早早摆好了一张八仙桌，桌上点着一盏茶油灯，旁边摆有热茶和茶杯。一位熟知婚俗礼仪的迎宾长者站立在桌子后方，迎亲队伍来到时，这位长者便笑脸相迎，向来客抱拳或鞠躬致礼，并安排专人将客人迎进厅堂休息、喝茶、抽烟。与此同时，进行彩礼交接仪式，男方将送来的彩礼一一点给女方。两位长者按照《接亲词》所规定的程序，一项一项地对彩礼进行交接、问答。问答内容涉及天文、地理、历史、神话、人物、民俗、男女、阴阳等，上天入地，无所不包，非常考验迎亲者的知识储备和反应能力。如果答不上或答不对，则罚酒一杯，而且非喝不可。双方长者先是礼节性地问答：

问：一旦不远千里而来，今日问年兄，有何贵干？

答：一束杨柳来接亲，烦你多言，幸接门外，锣鼓响叮当，杨柳旗竖半天空。

接亲用杨柳旗，这是一种古风传承。杨柳旗的旗杆不一定是杨柳枝，也有可能是竹枝，但杨柳枝头或竹枝尾必须挂一面用布做成的旗子，旗子上画有麒麟、凤凰图案，寓意鸾凤和鸣、麒麟送子。迎亲队伍扛着杨柳旗，一路浩浩荡荡地往女家走来，旁人一看就知道是迎接新娘来了。接着双方长者正式问答开始：

问：凤凰不乱飞，麒麟不乱行，兄台不乱来，亲家不乱到，又请老年兄，有何贵干？

答：孤阴则不生，独阳则不长，故天地配以阴阳，男以女为室，女以男为家，男子配作之合，女子配作之然，今日来接亲，婚姻来贵干。

…………

问：天上什么为大？

答：天上雷王最大。

问：地上什么为宝？

答：地上五谷为宝。

问：台上什么酒？

答：孟江酒。

问：此酒何人造？

答：杜康造。

问：哪样提？

答：人种谷，煮成饭，发成糟，熬成酒。今日来接亲，正以酒为礼。

一场婚礼，离不开五谷，离不开美酒，所以先从五谷、美酒问起。

问：台上什么盐？

答：广东海沙盐。

问：哪样提？

答：船渡来，拿过府，流过县，今日来接亲，正用盐为礼。

盐是生活必需品，过日子天天都离不开盐，无盐则不知生活五味，所以要问盐。接下来的问答，围绕着棉、茶、箩、鸡、肉、糖、糍等进行，最后绕回到与婚姻密切相关的甘蔗、鸡蛋和牡丹花上，妙趣横生。比如问鸡蛋：

问：什么蛋？

答：凤凰喜天蛋。

问：何人造？

答：公鸡造。

问：哪样提？

答：公鸡配母鸡，里头内外两层白，红鸾天喜用，今日来接亲，正用蛋为礼。

问得巧，答得妙。一问一答，严丝合缝，把每一样物品的来历和用途说得清清楚楚、明明白白。说到底，所有的问答，似乎都是在说，新娘像牡丹一样美，婚姻像甘蔗一样甜。更重要的是，婚姻事关阴阳协调、生存繁衍，用甘蔗、鸡蛋和牡丹，曲折而含蓄地表达出来，相当高明，富于哲理。经过一番彩礼交接的“智力较量”后，女方父母便招呼客人进餐。此时天已过午，男方迎亲长者便高声说：“吉时已到！”催着新娘父母发亲。

新郎送来的彩礼，经双方长者交接、验收后，婚事便进入下一个环节——祭祖、发亲。新娘父母在事先摆好的八仙桌上祭祀祖先，新娘亲手给祖先斟酒，表示牢记祖宗大德，感谢祖先庇佑。过去新娘离家时，由哥哥背着妹妹出门，现在是由族中一位中年妇女搀扶着哭着出门，表示不忘父母养育之恩，难舍兄弟姐妹真情。走到大门口时，新娘母亲亲手将男家送来的“袜底钱”塞进女儿鞋里做“垫脚钱”，祝愿女儿日后衣食无忧、富贵荣华。族中一位中年妇女（一般是嫂子或婶子）持伞在新娘头顶上飞快地开合伞两次，新娘则从伞底飞速穿过。

关于这两次开合伞，仫佬族有这么一个传说：很久以前，有一个叫跌头的后生为了拯救人类，来到天庭找太上老君学法术、借法宝，太上老君不肯借。跌头在太上老君女儿太花的帮助下与之斗法，斗赢了太上老君，顺利拿到一把宝伞。在出天庭时，跌头飞快地开合宝伞两次，太花的生魂趁机钻入伞内，随他出了天庭，降临人间。后来，太花施展法术，除掉了人间的毒蛇猛兽，人间又恢复了原先的安宁。因此后来仫佬族人就用两次开合伞来寓意给新娘遮风挡雨，撑起一片晴空，同时也是祝愿新娘在去往夫家的路上顺顺利利、平平安安。

临出门时，母亲含泪给女儿整理衣衫，并细语叮嘱："男婚女嫁古来人间事，侬（仫佬话，意为妹）你要记在心中。天上星星向北斗，地上阿侬配勒班（仫佬话，男青年的意思）。你一路上撑伞要正莫给歪，登阶梯进厅堂不要着大门的门槛，免得对新郎家不吉利……"女儿含泪默默听着母亲的叮咛，低头不语，表示会遵从母亲的话去做，不出岔子。

新娘出门是一种"生离"，是新娘"嫁作他人妇"生命体验的开始，场面相当感人。在场的人既欢喜又心伤，纷纷抹泪，哭中带笑地目送新娘出门。新娘出门后，由送嫁娘陪伴着往男家走去。一路上，族内的一位中年妇女手提一个内装白米的青布袋，在经过桥梁、岔路口、坳口时就撒一把米，祈求神灵保佑，同时也是给新娘留下一个记号，让其日后回门不至于迷路。

/ 送嫁拦门 /

在仫佬族的婚俗中，“送嫁十姐妹”是最有趣的习俗之一。新娘过门前的一个月，同村寨平时玩得较好的同辈姑娘，新娘的“老庚”，甚至住在邻村的表姐表妹，会不约而同地来到她家里，与她日夜相伴，帮她做布鞋、缝嫁衣，姐妹们互诉衷肠，伤离别。夜深人静时，她们就唱起催人泪下的《分离歌》：

姐妹排坐肚不饿，讲到分离肚就饥，姐妹讲到分离话，断肠时，眼泪纷纷，铜盆接来洗得衣！

姐妹围围三五个，芥菜围围三五张，姐妹一年嫁一个，好凄凉！好比芥菜，三天两日摘一张！

楼口旁边一架梯，姐嫁东来妹嫁西，姐妹好比笼中鸟，共窝栖！毛干翅老，各自找吃各自飞！

成亲的那天，九个姐妹与新娘穿同样的服装，穿同样的鞋子，剪同样的发型，扎同样的辫子，修同样的眉毛，撑同样的油纸伞，一起陪伴新娘来到新郎家。相同身段、相同模样的十姐妹，她们迈着轻盈的脚步，摆着如藕的双臂，绽着如花的笑容，像十朵艳丽的花朵，绽放在山野之间。路人不知到底哪个是新娘，就连新郎也会看走眼。“实

仫佬族的新嫁娘在出嫁之前，会有平时玩得比较好的姐妹（仫佬族人称为“当堆”，意为“同伴”）提前一个月过来陪伴她，可能是七个，也可能是九个、十一个。她们一起做布鞋，诉衷肠，唱离别歌。成亲那天，姐妹们会陪着新娘一起到新郎家　蒙增师／摄

难辨，一色衣来一色鞋。十个姐妹一个样，不知哪个是新娘。”“送嫁十姐妹”这种婚俗，给婚礼带来了无尽的趣味，增添了喜庆的气氛。

迎亲队伍将要到达时，女方会在村前的路口或门楼前架起“拦门阵”。这个“拦门阵”也就是做做样子，通常都是用农村常见的犁耙、鸡笼、条凳、竹竿等来设置一个小小的障碍，不是真拦，而是要搞一个“智力游戏”——唱

歌。“阵”前还摆有凳子、茶水等，阵后坐着女方邀请来送亲的姐妹。迎亲队伍到达时，女方姐妹先招呼人坐下休息，给他们敬茶，以慰路途劳顿。然后送亲姑娘们便唱起“拦门歌”，迎亲红娘则唱“拆门歌”。唱完之后接着唱“盘歌”“猜字歌”“散歌”。经过一番对唱之后，才让迎亲队伍进村。

/ 进门拜堂 /

在仫佬族婚礼中，进门和拜堂是连接在一起的，中间的界限并不清晰。新娘进门时，只能跨过门槛，双脚不得触及。因为仫佬族认为“大门大槛，大吉大利”，不能玷污，不能践踏。同时，与出门时一样，由一个中年妇女持伞在新娘头顶上开合伞两次，寓意新娘来到夫家，从今以后得到男方祖宗的庇护。

新娘进门前，夫家事先要在堂屋大门摆放一个米筛，上置镜子一面、尺子一把、扁担一根、新郎的鞋子一双。有人认为，筛子象征慧眼千只，能够洞察一切，避恶扬善，正直为人；镜子象征前途光明，所有见不得光的妖孽邪魔通通回避，家庭平安兴旺；尺子象征遵从“男以女为室（尺），女以男为家”的古训；扁担象征新娘勤劳俭朴，亦耕亦织，建设幸福家庭；新郎的鞋则象征遵从“出嫁从夫”的礼教和妇道，夫妻和睦相处，永偕百年之好。

进门之后即拜堂。此刻，香火台已布置一新，边缘贴着“东成西就”“鸾凤和鸣”“南和北合”“姜公在此”等红纸条幅，台上红烛正明，香烟缭绕，神灯高照；供桌上三牲供品，一应俱全；香几桌上摆放着女方陪送的嫁妆，花样繁多，琳琅满目，嫁妆上贴着写好物品名称和数量的红纸。整个厅堂祥光满室，喜气洋洋。拜堂仪式由族内一位德高望重的老者主持，一拜天地祖先，奉献崇敬之心，祈求保佑赐福；二拜高堂父母，感谢养育之恩，报答成全之德；最后是夫妻对拜，表示互敬互爱，白头偕老。接着是化纸钱，奠酒，鸣炮，撒白米，以示“金玉满堂”。拜堂时，门前鞭炮噼啪作响，村中男女老少都会跑过来观看。仫佬族的《拜堂歌》对拜堂的热烈气氛有着生动的吟唱：

新人移步入新屋，点蜡烛，红彤彤，新郎新妇，齐在厅前拜祖公。

新娘入屋拜家公，八仙椅，坐厅中，唱歌恭贺，满堂老少笑融融。

新娘进门时，新郎待在前厅的左厢房里，不能与新娘见面。新郎的母亲、姐妹、婶嫂等女眷需要回避，以示避免今后与新娘发生口角纠纷，一家人能够和睦相处。新娘进入洞房后，新郎才出来拜堂。此外，如果新郎有哥姐未婚，新娘得给哥姐“挂红”，即给一个小红包，并在哥姐衣扣上系上一条红线或绒布。

/ 闹堂回门 /

拜堂之后，新娘便在伴娘的陪伴下进入洞房。按照习俗，婚礼当日，新郎新娘不得同房共枕。故洞房内没有花烛，没有床铺，没有被褥，只有一张小小的方桌，以及几张长条木凳。桌上放一盘白米，白米堆中央点上一盏油灯。新郎不能进入洞房看新娘，否则就是“违规”。新娘也不能随便出洞房门，就是吃饭也得由伴娘陪同在房内吃。新娘必须出门时，由伴娘陪同，低着头，或用手半遮着脸，匆匆去，快快回，娇羞可人。

到了夜晚，新娘与伴娘在洞房内，新郎与伴郎在洞房门外。双方摆起歌坛，婚姻礼堂变成了歌堂，男方歌手和女方歌手通宵达旦对歌。对歌时，男方先以《新人入屋歌》起头，赞美新郎如何英俊帅气、新娘如何美丽俊俏，是天造地设的一对。然后，依次感谢押礼公、送嫁娘、红娘、迎姑、茶童和媒婆。接着唱《祝贺歌》《喜庆歌》，再唱《邀请歌》《劝唱歌》。

主人今日办喜酒，点起香火敬神台。新娘登阶进洞房，我把欢歌唱起来。

大门贴着红对联，厅堂挂满花镜屏。良朋高友聚满堂，喜歌四起贺主人。

经过一番邀唱、劝唱之后，女方才开始接声对唱。送嫁娘们先是对主家做的菜，如扣肉、猪肝、猪肚、白斩鸡、豆腐、黄豆、米饭等逐一表示赞赏；男方歌手则谦虚地表示自己厨艺不精，做得不好，怠慢了客人，请予原谅。到了此时，洞房内外，歌声此起彼伏，厅堂里充满了欢乐的气氛。男女双方相互摸对方的歌底，寻找对策，以全力唱赢对方。他们对歌的内容相当广泛，可以说是包罗万象。大凡风花雪月、草木禽畜、天文地理、人情世故，都可入歌。他们时而唱起《拆字歌》《猜谜歌》，时而唱起以神话传说、历史人物、民间传说为主要内容的《古条歌》。夜晚漫长，歌声不绝。男女双方，一问一答，一唱一和，气氛热烈。他们所唱的歌，不仅内容丰富，形式也多种多样，充分展示了歌手们的山歌艺术素养和歌唱技巧，听众们也得以一饱耳福，享受一场山歌盛宴。

上半夜时，男女老少都在场，所唱的歌都比较正统，老少男女都可以听。倘若所唱的歌内容不雅，腔调轻浮，人们就会觉得唱歌的人不够正派，这会影响歌唱者的名声，甚至败坏主家乃至本村的声誉。到了下半夜，老人小孩都休息去了，现场只剩下男女青年。这时候，双方歌手的歌风一转，唱起了让人发笑的《逗乐歌》，相互攻击。如果获胜一方唱的歌让双方都满意，得到满堂喝彩，人们就赞扬他们歌艺精、风格高。歌手们还可以将对方比作某一角色，用诙谐幽默的语言、迂回曲折的手法编歌加以“贬低”“讽刺”“挖苦”，引来听众阵阵欢笑声和喝彩声，给婚礼增添欢乐的气氛和无尽的乐趣。

天要亮了，歌会即将散去，青年男女趁机唱起情歌，为日后的走坡做一次感情上的铺垫：

男　今日行过葡萄山，葡萄结子藤弯弯。
　　老人得见低头过，后生见了伸手攀。
女　葡萄结子藤弯弯，伸手去摘并不难。
　　只要阿哥有情意，满山葡萄任你挑。

歌声悠扬婉转，悦耳动听，太阳从东方升了起来，村庄笼罩在一片朝霞之中，于是清脆的歌声再次响起：

男　一夜唱歌到天明，暂散歌坛停歌声。
　　待到八月中秋节，同妹坡上唱连情。
女　花源洞里坡连坡，中秋歌场再唱歌。
　　放开歌喉尽情唱，日出唱到月亮落。

唱歌唱到天亮，新媳妇给新郎的长辈及家人敬完茶，吃完早饭，就在送嫁娘的陪伴下回娘家去了。接下来的几天里，她就心跳怦怦地期盼着那个过来接她的小女孩……

清末天河县举人林国乔写了一首竹枝词：“婚事东乡礼最乖，洞房花烛不用排。晚下进门清早去，明年春社我才来。”描述的就是仫佬族“不落夫家”的婚俗。诗中所写的“东乡”，就是仫佬族聚居地之一的四把镇一带。

吴才珍先生所著的《仫佬族风情志》和吴保华、胡希琼先生主编的《仫佬族的历史与文化》里，对这种婚俗有着大体一致的描述：新娘回家后的第三天，新郎家就派家里或族内一个小女孩，带着一挂两斤的新鲜猪肉，去新娘家接新娘回来，仫佬话叫作“顶勒卖美”，翻译成汉语就是“请新媳妇”。因为比较害羞，新媳妇一般天黑之后才进夫家门，生怕被村里人看见。新媳妇这次来，只在新郎家住一晚。也是到了这天晚上，新郎和新娘才能同寝。第二天，新媳妇不能像新郎那样睡懒觉，而是要在天蒙蒙亮时就起床，摸黑到厨房找到水桶，随后沿着村巷到村头的水井或水沓挑水，直到把婆家的水缸装满。然后头也不梳，脸也不洗，急匆匆赶回娘家去。因为天还没全亮，家娘担心新媳妇不认识路，中途出事，便尾随相送，走到半路，天色大亮，觉得媳妇安全了，才返回家中。新媳妇差不多走到自己村庄时，便匆匆跑到一条小溪边，以凉水敷脸，平息怦怦直跳的心。然后用随身携带的手帕洗一把脸，对着小圆镜，用小木梳梳一下头发。一切收拾停当之后，急匆匆赶回家，不让别人知道自己是去做新媳妇回来的。这就是过去仫佬族新媳妇娇羞可爱的形象。

从此以后，要逢年过节，或者农忙时节，或者夫家办大事时，新娘才会回来住几天。这就是仫佬族婚俗中的“走媳妇路”。有人认为新媳妇之所以“走媳妇路”，是因为姑娘出嫁生育后，报答父母的机会就越来越少了，要趁生育之前多住娘家，帮父母干点农活，减轻父母的负担，尽一份女儿的孝心。

对于现在的年轻人来说，走坡“倚歌择配”已经是“过去时”了。生活的节奏变快了，他们没有空闲去走坡对歌，也没有时间去“走媳妇路”。他们在工作生活中相识、相交、相知、相爱之后便成婚。

如今男女成婚配，不用走坡不用媒。
只要你情我也愿，还可两捶做一捶。

这就是现在仫佬族年轻人的婚恋观——不拘旧俗，自由发挥。

依饭三年乐一举

/ 依饭来源 /

依饭最初并不是节庆活动，而是一种集体祭祀活动。“依饭节”是官方用语，民间只有“做依饭”这个讲法。

清代谢启琨所修《广西通志》记载：“天河僚……独喜浮屠。蔬食三年，谓之血盆斋，言为母报恩，群聚于佛寺，鸠钱具蔬，延浮屠超荐其父母，谓之忏斋。”这些文字告诉我们，罗城老百姓报恩的习俗由来已久。

但凡祭祀，都包含许愿和还愿之意。《礼记·郊特牲》讲得很清楚：“祭有祈焉，有报焉，有由辟焉。”这里的“由”即“用”，“辟”读作“弭”，意为弭灾兵，远罪疾。就是说人们希望通过祭祀达到三个目的：一是祈福，二是报恩，三是消灾。

做依饭集酬神、祭祖、教化于一身，是仫佬族人宗教信仰之集大成者。罗城四把镇大梧村一带的仫佬族人称之为“做依饭”，东门镇中石村银姓仫佬族人则称之为“地台

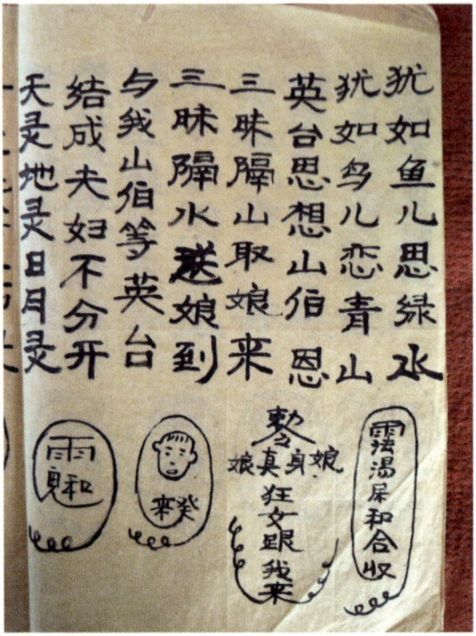

在仫佬族依饭道场上，法师需要用土拐话、仫佬话、壮话念唱繁复的经文，每一段经文都与每一位神仙的身份相契合，不能搞混

稀凡”或“稀凡地台”，宜州境内的仫佬族人称之为“喜乐愿”，而居住在忻城马驷一带的仫佬族人则称之为“贺香火”。名称不同，其实讲的都是同一个活动，内容也大同小异。仫佬族人做依饭的目的，是祭拜祖先神灵、祈求人畜平安和庆贺丰收，所以又叫敬“依饭公爷”、还“祖先愿”。

中石村呼略屯的银联相法师对于依饭的功能有自己的见解：“地属阴，台属阳；女属阴，男属阳；专讲男女讲阴阳。”就是说，“地台”是讲授男女阴阳的场合。他的师傅银景辉则这样解释依饭：“依同衣众遮露体，饭为食用五谷栽。温暖饱食认风趣，传教欢喜称地台。”银联相及其师傅对依饭的解释，至少说明两点：一是依饭祭祀活动是还祖先愿，二是借此机会传授男女生育知识。做依饭最后的“送神”环节，对此有着生动形象的展示。

依饭举办的时间，各地、各姓、各冬不尽相同。四把新村吴姓在丑、辰、未、戌年立冬后第二个未日举行，大梧村吴姓固定在卯、未、亥年的立冬日举行，东门罗姓固定在闰年的立冬日举行。而东门中石村的银姓四冬逢卯、未、亥年举行，五冬逢丑、巳、酉年举行，八冬逢子、辰、申年举行。至于具体的日子，则是立冬后的“黄道吉日”。

对于依饭的来源，有多种说法。其中一种说法是，仫佬族祖先——“依饭公爷”从外地迁到罗城的季节是冬季，为纪念先祖开基立业之功，仫佬族人便选择在冬季举行活动，教育子孙后代要勤俭持家，继承祖业，将祖宗功德发扬光大。另有一种说法认为，每年做依饭是为了驱灾除难，祈求来年人畜兴旺，五谷丰登。最为普遍的说法是，古时候，仫佬族先祖（“依饭公爷”）因犯罪入狱，受尽皮肉之苦，生命垂危。监守吴广惠、梁善利二人同情他的遭遇，在夜深人静之时将其偷偷放走。那天晚上没有星光，更没有月亮，伸手不见五指，仫佬族先祖连东西南北都分不清，根本不知道往哪里逃。眼看追兵马上就要赶到了，在这危急关头，他面前突然出现了一个身着白衣白甲的姑娘，姑娘手持钢刀，牵着一匹高大的白马前来搭救他。据说此人便是白马姑娘。仫佬族先祖翻身上马，绝尘而去，脱离了险境。后来，仫佬族人决定在祖先逢凶化吉之日举行隆重的仪式，报答白马姑娘的再造之恩。

依饭节是仫佬族的传统节日，是仫佬族信仰习俗长期积淀的结晶。它体现了仫佬族文化之精髓，是仫佬族文化的重要象征。2006 年，经国务院批准，仫佬族依饭节列入第一批国家级非物质文化遗产代表性项目名录。

/ 依饭历史 /

龙殿宝在《仫佬族依饭经文辑录》的序言中提到，仫佬族依饭节有着深厚的社会基础、漫长的历史和广袤的流传地区。他认为，仫佬族依饭节起源于民间傩，这种民间傩的范围很广，包括以广西桂林和江西、湖北、湖南为中心的民间傩活动。而仫佬族做依饭的道公都是梅山教武教弟子，湖南盛行傩祭，又有梅山教弟子在各地执行，再向南方推移，渗透到桂林乃至广西壮侗语族中。仫佬族聚居地距离桂林不远，是傩文化辐射的范围。据此，他认定，仫佬族的依饭活动至迟在宋代就已出现。有记载的仫佬族民间做依饭活动是明洪武年间，距今已有 600 余年的历史了。

四把镇大新村大梧屯六冬吴姓《明清两朝历代昭穆总祖之灵碑墓》及族谱记载："远祖于明成化六年（1470 年），

先迁至大梧，顶戴梁、吴二侯王。每逢亥、卯、未年，大朝圣驾。”吴姓二冬祠碑记载：“历代以来，敬有‘依饭公爷’，每逢辰戌丑未之年，轮四房族头……办齐牲头，勿得有误。”四把镇大新村谢姓在《谢府祠碑记》中说：“迨国朝定鼎之后，始祖显亮迁移庄山之下……创业立籍，顶戴梁、吴二帝，积尝田，每岁清明以奉祭祀。前辈议定章程，逢辰戌丑未之年，立冬末二日，大会朝武依饭，无论远近公族，莫不赴会焉。”这些记载说明，仫佬族举办依饭活动，至今至少有500多年的历史了。

银姓四世祖银道言的岳父罗海珠的墓志上说，他“住各贲玄真堂”。“各贲”，就是现在的“各贲寺”。从“玄真堂”和他墓碑中榜“授箓第十代岳丈罗海珠道公”的一行大字可知，罗海珠的身份是道公，而且是梅山教派第十代授箓弟子。

据现场勘查，我们可以确认罗海珠的墓碑为明代碑制，小巧，精致，不事张扬。从碑文的“岳丈”二字看，立碑人是银姓四冬的四世祖银道言。

银道言既是罗海珠的弟子，也是他的女婿，他理所当然地让银道言传承衣钵，成为当地道教第十一代授箓弟子。从银道言开始，中石银姓有很多人从事道公行业，且都有自己的法号，子孙以“道”“法”“佛”等起名者不乏其人。

有关资料显示，中石银姓从银道言开始，银道琳、银道㚖（银贞一）、银如谦、银兴税、银道炉、银道瑕、银道宝、银道日、银如衡、银良恂、银安阁、银应政、银景辉都是道公。

中石银姓现在的道公是呼略屯的银联相，为道教梅山教派第 27 代授箓弟子，法号叫“法相”或“道相”。他的师傅是东门镇佑洞村英塘屯的银景辉，法号“道辉”。

从这些信息上，我们可以知道，在银道言之前，还有 10 代道公。按每代 25 年计算，那就是 250 年。银道言是银姓四世祖，银联相是中石银姓五冬的第 20 代孙，中间隔了 16 代，即 400 年。这样算起来，中石仫佬族做依饭的历史，至晚可以追溯至明代早中期，至今已经有六七百年了。

一天晚上，我在呼略屯采访了银联相。当我问及他的师承时，他一口气唱出了 75 个师傅。其中有佛教的，法号带“僧”，如僧瑷琳、僧琼台、僧如音等；有道教的，法号带“法”，如叶法文、黄法云、张法灵等。这说明仫佬族人的信仰是多元的，并不是单一信仰。法师在法事现场必须将师承一个不落地念唱完，否则就是欺师，于法道有亏。

银联相说，在做法事时，逢“法”改“法”，逢“道”改“道”。也就是说，在以“做法”为主的道场上，道公将法号中间的字改为“法”，如“银联相”改为“银法相”；在以“做道”为主的道场上，道公将法号中间的字改为“道”，如“银联相”改为“银道相”。逢“文”用“法”，

“逢文铙钹，逢武锡角”，银联相从师傅手里继承下来的海螺小号，是依饭道场的重要法器之一，一旦吹响，就是集结号。法师每唱完一段经文即吹响海螺号，各路神灵便纷至沓来

逢“武”用“道”。所谓“文”，是指祈求人丁兴旺、五谷丰登的法事；所谓“武”，是指祈求平安、消灾、禳解的法事。而“逢文铙钹，逢武锡角”，说的就是在“文”场法事上使用铙钹等法器，在“武”场法事上使用海螺（用海螺做成的小号）等法器。

与四把镇的双寨、大梧等“平安、消灾、禳解”的依饭不同，中石及从中石搬迁出去的黄金镇百标、寨道、百室，以及小长安镇的大勒洞、小勒洞等屯，做的是地台依饭，其主要功能是祈求人丁兴旺、五谷丰登、牛马成群等。

/ 依饭前奏 /

依饭道场一般要操办 2 ～ 3 天，活动的地点通常设在祠堂，要是没有祠堂就设在首事家里。依饭祭祀活动由宗族内资历深、有威望的老者主持，由 3 ～ 5 位法师具体操办。

在仪式举行前，要用青翠的松枝在祠堂前或村前门楼处搭建一道彩门，并细心装点，披红挂绿，一派喜气。同时，还要设好祭祀堂和祭坛。祭祀堂门外写着“恭迎圣驾”四字，红纸黑字，鲜艳夺目。此外，还贴有“依饭三年乐一举，轮诚万户庆千仓”“奏鼓三通迎圣驾，焚香一炷迓神庥”“三两村庆祝依饭人人欢喜，百余人恭贺地台岁岁平安”“依饭本是俗言一概遵古训，地台非同儿戏万般在先贤”等对联。横批写上“五谷丰登”“恭贺地台”等。门楣之上贴着 10 张条幅，分别写上“恭迎”“承驾”“保安”“集福”“庆驾”“三秋”“地坛”“奉神”“依饭”“盛会”等毕恭毕敬、吉祥如意的文字。墙壁的正面和两侧张挂 36 位神灵的画像，神像两侧挂 36 位神灵的面具。

做依饭毕竟是大型活动，参与的人多，耗时也长，需要投入大量的人力、物力和财力。因此，做依饭并不是一年一次，一般是三年一次，有的村屯、姓氏甚至 6 年才举行一次。黄金寨道屯吴姓就是 6 年做一次地台依饭，他们先前于2018年做了依饭，时隔6年之后，2024年的11月3日才又做了一次依饭。

这么做自然有它的道理。正如《礼记·祭义》所言："祭不欲数，数则烦，烦则不敬；祭不欲疏，疏则怠，怠则忘。"祭祀的次数多了就会让人感到厌烦，有了厌烦之心，就是对神不敬；但要是祭祀的次数太过稀少，就会使人懒惰，一旦有了懒惰之心，就会忘记神灵和祖先。

祭祀前，祭坛摆放一张供桌，桌上依次摆放需要敬请的36位神灵的木制面具、大红烛一对、3个或5个盛米的竹筒并各插一炷香、3杯或5杯白酒、3碗或5碗白米饭、3双或5双筷子，还有用红纸做成的两面小四方红旗，分别写上需要敬请的神灵名称。同时，还要摆放法师舞蹈时用的鲁班长斧一把、长柄大刀一把、牛鞭一根、筒符一把、法剑一把。

在做依饭这一天，冬内各户除了包粽子、蒸糯米饭、杀鸡宰鸭，还要做两件重要的事：一是用红薯和芋头制作"黄牛""水牛"。牛腿用四根香梗做成，牛角用两根牙签做成，尾巴则用麻丝做成，牛的肚子上还要包上一圈红纸。二是准备一束颗粒饱满的糯谷穗，三线做一束（银联相的地台稀凡道场是两线一束），用红线扎牢（银联相的地台稀凡道场用红纸缠绕），寓意"三星高照"。谷穗吊在香火台上，芋头做成的"水牛"则与往年做依饭时分发的"水牛"一起，摆放在香火台上和地板上，预示牛马成群、五谷丰

依饭节上用芋头做成的牛模型。法师会用青竹叶蘸上猪血和鸡血洒在上面，作为“开光”。依饭节结束后，村民将它们拿回家放在香火台上，到第二次做依饭时，再换上新的“牛”，寓意五谷丰登、牛马成群

登。过去用红薯做成“牛”，现在多用芋头做，可久放不坏。此外，供桌上还摆放有一盘五色糯米饭，饭盘四周一圈一圈地摆放着甜酒、花生、芝麻、黄豆、胡椒、沙姜、八角、米粉等 12 种素供品，以及猪心、猪肝、猪肺、猪肠、鸡、

鸭、鱼、蛋等12种荤供品。一番布置下来，祭坛上五光十色，喜气洋洋。

在准备过程中，法师还要准备一些祭祀活动中要用到的道具和行头。比如做两面三角形的红色令旗，因上面贴着7个红黄蓝三色的彩色圆纸片，故称“七星旗”。其中一张令旗周边糊上蓝色的锯齿状纸条，另一张糊上紫色的锯齿状纸条。之后，还要剪出5张淡黄色小圆纸片、5张淡红色小圆纸片和4张蓝色小圆纸片，分别贴在两面令旗上，并在圆纸片上写“万法皈依三尺剑”和“五雷摇动七星旗”。在接下来的祭祀仪式中，这两面令旗将插在供桌最显眼的位置，像是为迎接诸神出场呐喊立威。

/ 依饭诸神 /

仫佬族做依饭所敬之神，一是仫佬族恩主，即依饭公爷、梁善利侯王、吴广惠侯王、白马姑娘；二是本门历代列祖列宗；三是社王、土主、婆王、城隍等本地神和佛教诸佛、道教历代教主与法师等。

四把一带的依饭节上迎请如下神祇：上司管天氓主依饭正法大帝三郎，即依饭公爷；上官盖天威德平正大王；北府通天大圣金甲李令公；上司云头走马十三郎；敕封香山梁善利侯王；敕封江东吴广惠侯王；朝天圣帝灵应白马姑娘；飞天得道兵部梁九官；北极玄天真武神；南无救苦救难灵感观世音菩萨；本音堂上五祖司命灶君；上堂万岁六国天尊圣母三位婆王；上堂月桂花林太子九郎；上司南曹注生六案判官；本部属社主大王；本坊土木主勒古柑地王；某氏门中众位三祖家先；本殿三元张赵李天师师公师傅；祖师游天得道显应三界公爷；新圣得道龙侯太子老爷；新圣得道韦金身老爷；上界天仙黄德环老爷；雷倪注法应五郎；钦差两广陈都督老爷；前军都督覃裕春老爷；冯四冯远冯鳌冯类（累）三公四爷；开天盘古李社大王；本县城隍辅德众佑老爷；本洞三朝圣水大神；水官五海五位圣王；五通明月十三郎；正源太子广佑六郎；农婆母太后夫人；南坪护国谢灵王。此外，还有复勘使者、开山使者。

这些神都很“高大上”，除了依饭公爷、梁吴二帝（梁善利、吴广惠）、白马姑娘人们比较熟悉，其余的神灵人们都比较陌生。

中石银姓在依饭道场上迎请的神祇有梁九王官、公太爷、女娲、吴帝、牛哥、盘古王、白马仙、鲁班、神农、大婆王、二婆王、三婆王、雷公、电母、火神、开光童子、彩霞女、月仙翁、土地公、姚鹰顶王、百公王、疯师爷、公母花王、三肖六洞、燕山桥头婆、花林官、红白花胚王、观音大士、吹螺（角）童子、风雨神、分花仙姑、四值曹官、鸳鸯配对、护花官员、勒雅妹等，甚至还有一个“诸神朝天”神。

这些神祇与四把一带迎请的神祇，无论是在性格上，还是功能上都有很大差别。诸神的出现与凡人的生活息息相关，神的身上散发着一股人间烟火气，银姓的“地台稀凡”，在庄严肃穆之余，还弥漫着生动活泼的人间气息。比如梁九与猎手吴帝、疯师爷经常往来，私交很好。三位神灵各有分工：吴帝分管南方，梁王分管北方，疯师爷好像没什么事干，四处云游。吴帝是个猎手，精通草药，天下流行瘟疫时，吴帝为人类消除瘟疫，被天帝封为南方之神，分管南方。疯师爷是药神，天下流行瘟疫，疯师爷将天机泄露给梁王、吴帝和勒雅妹，从而制出神药，拯救万民。牛哥是一个性格活泼的神，整天在牛坡上跑来跑去，观察和追踪牛的去向，天下的牛都听他的指挥和调遣。开光童子是龙神的信使，在天地间传递信息。彩霞女心灵手巧，她能采来云霞织成美丽的衣衫，送给凡间的女子，把她们打扮得花枝招展、漂漂亮亮。月仙翁则会牵来一根根红线，把人间男子和女子的脚趾绑在一起，让他们结为夫妻，一辈子都不能分开。燕山桥头婆每天在鲁班建造的燕山桥头值守，巡查和保护那些下凡的白花子和红花子。花林官即花林太子，是婆王的“机要秘书”，职责是“上传下达”，实时向婆王汇报人间的生育情况，得到指示后，花林官便在“公文”上盖章，人间就可以养育男孩或女孩了。而三肖六洞是个娱乐神，长着三个脚趾，喜欢吹口哨，做各种夸张滑稽的动作，逗人发笑，娱人娱己。最为特别的是一个叫“诸神朝天”的神灵，他专门负责神灵们的假日安排。每年粮食丰收了，送子成功了，万民安居乐业了，诸事完毕，他就安排神仙们集体放假，统一来到天庭开个“团拜会”，举杯庆祝，狂欢几日。

值得注意的是，在罗城境内，做依饭的不单单是仫佬族，小长安双蒙村讲土拐话（平话的一种）的何姓汉族人也做，香火台上也供奉着依饭公爷。为何会出现这种情况呢?

根据吴国富先生的研究，他认为仫佬族做依饭源于当地汉族人祭祀“依饭公爷”的宗族性还愿仪式活动。

吴先生在多方调查和考证之后，认为这一节庆习俗在传入今罗城中部东门、四把一带仫佬族聚居地区的过程中，受到道教（尤其是梅山教）、佛教、巫教等多种民间宗教的影响，当地汉族人的“稀凡”祭祖酬神仪式活动发生了变化，“依饭公爷”偶像崇拜演变为汉、仫佬等族杂居地区居民的“三角公”神祇崇拜。所谓“三角公”，就是用红纸叠成手掌大小的三角形，用三根香梗夹稳、扎好。在东门、四把一带仫佬族聚居地区，“依饭公爷”信仰几近消失，取而代之的是道教色彩更加浓厚的“白马姑娘”和“梁吴二帝”等神灵崇拜与民间祭祖活动相结合的依饭祭祀仪式活动。这一演变过程，折射出汉族文化对南方少数民族文化所产生的深远影响。

/ 依饭程式 /

诸事准备完毕后，法事开始。此时，依饭法事现场锣鼓喧天，法师身着法衣，一边念唱，一边舞蹈，每请到一位神仙就戴上代表那位神仙的纸制面具。

做依饭法事的程式大致有 6 个环节，顺序如下：

1.“请圣”，也叫“启坛”“安坛”等。用红纸写上 36 位神名，由法师上香，点红烛，献三牲，敲鼓、锣、镲，边唱边拜请各路神灵、先人降坛。摆 12 样供品：油麻、高粱、芋头、小米、花生、黄糖、红薯、绿豆、玉米、板栗、黄豆、老姜等，叫作“清筵”。中石村以及黄金一带“稀凡地台”上的“清筵”，与四把一带依饭节上的“清筵”（摆茶叶、柑橘、甘蔗、芝麻、黄豆、黑豆、绿豆、沙姜、八角、胡椒、花生、干切粉丝）略有差别。出现这种差异，说明地域不同，法师的依饭理念也有差别，在浊筵供品选择上亦如此。

请圣时法师要一边念唱，一边献上一些物品，如香、花、茶、果、灯、豆腐、蔬菜等。唱词也简洁明了，朗朗上口。如献花时唱：“明花初插叶青青，梅花落了李花成。设主将钱将去买，四季金花插金瓶。众圣到坛无物献，石榴花礼献阴官。”献豆腐时唱：“此物原来在山畲，两块石头磨成它。只叹女人多计巧，打开里内打莲花。众圣到坛

仫佬族做依饭是酬神、娱神的祭祀仪式，法师通过邀神、唱神、跳神等方式，邀请各方神仙（一般是 36 位），每邀请一位神仙，法师就戴上相应的神仙面具

无物献，水花豆腐献阴官。”

在所请的 36 位神灵中，四值功曹是首先要迎请的。四值功曹是天庭中值年、值月、值日、值时的四位神仙，相当于天界的值班神仙，分别是值年神李丙、值月神黄承乙、值日神周登、值时神刘洪。功曹是专管公文传送的官职，因此这四神也是凡人与众神灵间的联络员，只有通过这四位神仙传递消息，众神才能知晓凡人的请求。在依饭节祭祀仪式上，坐坛法师唱“请功曹”：“谨蒙速到，四天门下，

五彩云头，云龙大庙，关请上界，年值功曹，骑凤通天；中界，月值功曹，骑虎通山；下界，日值功曹，骑龙通海；时值功曹，骑马过街。”说明四值功曹能力超强，能上天入地，翻山越海，自由往来于天、地、海、狱四界。祭祀仪式中如果缺少了这个环节，那么整个仪式就毫无意义了。所以，在依饭祭祀仪式开始时得先请四值功曹，再由他们去通知各路神仙来享用依饭盛宴。

此外，还要举行“安厨”仪式，供祭厨官和灶神。因为只有有了厨师，各路神仙回来后才有饭吃。法师口中念唱：“烦劳下筵，谨蒙速到，石崇东厨大庙，拜请本音堂上五祖司命灶君、担柴童子、运水仙娘、鉴雪花官、鉴厨使者、献花童子、云厨使者、二十四厨判官、倒坛摆坛摆席神君，呼名不尽，一切神祇，一请一到，时请时临……”念完后，将手中的三炷香插到面前的米筒中，请圣仪式结束。

2.“点牲”，即用鸡或鸭来祭供。备36只鸡，法师宰杀一只，然后用红纸卷成一纸筒点上火，以火点鸡及其他供品，再用手在空中画写“超生度命”四字。接着把余下的鸡杀掉，取内脏给法师和族中长者进餐，鸡则给各家带回去享用。

3.“劝圣”，就是敬神。供上12种荤熟品。中石村以及黄金一带“稀凡地台”上的“浊筵”为猪心、猪肝、猪肺、猪腰、猪血、猪肚、猪肠、猪皮、猪脚筋、猪蹄、鱼仔、虾子等，而四把一带依饭节上的“浊筵”则为猪头、猪尾、猪肉、猪心、猪肺、猪肝、猪腰、猪肠、猪肚、鸡、鸭、酒等。

4.“唱神”，又叫“跳神”。准备一张列有36路神灵尊号的迎神表，法师上香，点红烛，敲锣打鼓奏乐，身着法衣，请哪路神就戴哪路神的面具，边舞边唱，唱的主要内容是所请这位神灵得道成仙的经过及业绩、功德，直到请完36路神仙为止。在这个过程中，唱词要与所请之神的身份相符，不能张冠李戴或千篇一律。舞蹈则行三步罡，反复走5次。所谓罡步，是道教的一种步法，就是用脚在地上走出一遍洛书的数字路线，俗称“四纵五横”。用九宫格来表示的话，上三格分别是4、9、2三个数，中三格分别是3、5、7三个数，下三格分别是8、1、6三个数。横、竖、斜三个数相加，都等于15。法师走三步罡时走中带晃，蹲中带摆，点中带弹，还有踮、转、绕、缠、弯、曲、点以及内勾、外旋等繁复动作，柔中带刚，行云流水，收放自如。这一环节耗时最久，需要法师有足够的体力、耐力和毅力，才能确保仪式圆满。

5.“团兵”，又叫“合兵”。由法师持公鸡一只，咬破鸡冠，把血分别滴进酒杯里，以及芋头和红薯做成的牛模型及谷穗上，然后将血酒分给众人喝，表示团结一心，战胜各种灾害。待仪式全部结束后，把这些东西分给众人拿回家，摆放在本家的神台上，叫作“敬依饭”，可保人畜平

做依饭时，法师穿插走罡步，这是极具观赏性的一个环节，
围观群众喝彩声不断　蒙增师 / 摄

安、五谷丰登。

6.“送圣”，也叫“送梁九”。这是依饭祭祀的最后一个程序，也是最欢喜的环节。由法师挑两串财码（纸钱），在祭坛上来回走动，并逐一念出所请神灵的名字，把他们一一送归各庙。梁九是最后送走的神灵。送梁九时，其中一位法师扮梁九，一手持一根竹竿，竿上一头挂着一个鸡笼，笼里装着一只大红公鸡；另一手拿一壶酒，边走边唱，还要打三回拳，第一次打空手拳，第二次打木剑拳，第三次打关刀拳。同时，另一位法师就狂打锣、猛敲鼓，以壮

声威。"梁九"在祭坛内、房间里的各个角落走来走去，随后用关刀挑着一只大红公鸡，手提一张靠椅走出祭坛门，装醉躲在椅子上。接着，"梁九"用仫佬话唱九官爷娘词，并向围观者问各种各样的问题，内容多与性有关，妇女和小孩须暂时避开。然后，"梁九"手提吹胀了的猪尿泡在众人围成的圈子内走动，并向围观者发问，内容多为天文、地理、生产、生活之类的知识。如果有谁回答不了或答错

依饭节上，法师把猪尿泡踩爆，表示赶跑村里的瘟疫灾病　蒙增师 / 摄

了，“梁九”就用猪尿泡敲打他的头，一边敲一边说“公的尿泡打你头”，引得哄堂大笑，场面气氛极度热烈。在场的青年在这样轻松愉快的一问一答中，能学到许多性知识。

仪式结束时，“梁九”用四杯酒敬负责依饭活动的头人，四位头人也同样回敬“梁九”四杯酒。“梁九”喝完酒，扛着猪尿泡飞速向村外跑，来到空旷的地方时，把猪尿泡放在地上，猛然用脚大力把猪尿泡踩爆。同时，鞭炮骤然响起，村场上空弥漫着浓烈的硝药味道，表示村里的瘟疫灾病全都被赶跑了。随后，把芋头和红薯做的牛、谷穗分给大家。至此，依饭祭祀活动全部结束。

村民们把这些洒了鸡血的物品拿回家供在香火台上，以祈求家家平安、户户有牛。按当地人的规矩，香火台上的这些供品，不是自家人是不能触碰的。

值得注意的是，东门中石和黄金一带做依饭，银联相都是光着脚站在一张席子上做法事的。燕山桥头婆是银联相在做依饭时所请的神祇，她日夜守在燕山桥头，职责是防止小孩落水，确保小孩周全。在依饭节上，银联相在“过燕山花桥”时，与村民相互问答。这一环节结束之后，他就穿上事先准备好的新鞋，到“依饭头”家里，帮主家洗香炉钵。古人祭祀以跣足为至敬，银联相光脚做法事，可能是这种古风的遗存。

生命最后的尊严

佛祖释迦牟尼说:“生死事大,无常迅速。”只要有了生,就免不了死。我们的老祖宗也说:“不知生,焉知死”“事死者,如事生”“死生亦大矣”。每一个民族对死亡都极为重视,认真对待,绝不会潦草从事。

仫佬族的丧葬习俗包括十几种礼仪:买水、洗身、装身、喂粮、入殓、报丧、开路、设灵、打斋、封棺、祭丧、出殡、安葬、居丧等。这些环节没有严格的界线,有些环节可以合并进行,但每个步骤都不得敷衍了事或随意省略。下面提及的是其中几个重要环节。

/ 买水洗身 /

老人一落气,亲属就在其身边燃放一小串鞭炮,接着儿女、儿媳等就放声大哭。村人听到后就知道这家有老人去世了。随后,亲属二人就抬着一只水桶,手里拿着香、纸钱,腰间系一条白布,前往村头的水沓或小溪边“买水”。

先是向水里扔一枚硬币，表示要为死者“买水”。买水也不用太多，一大瓢即可。抬回家后，烧热，倒进木盆，然后由儿女或儿媳用一块从未用过的白布为死者洗身。洗身是一种仪式，只需在身体前胸后背象征性地抹三次，抹一次扭一次白布，表示每次用的都是新水。洗完身，如果死者是男性就剃头，也是象征性地在额头部位剃三下，脑后剃三下，然后戴上特制的帽子。死者若是女性，就梳辫子，包头巾。寓意是让死者一身洁净，舒适地安息。

/ 装身喂粮 /

装身时要为死者穿上七件防老衣——三条裤子、一双新袜、一双新鞋（若死者父母尚在，寿鞋外还要套上一双草鞋，表示死者父母将来归天时，死者在阴间仍为父母戴孝）。最后，用一条七尺长的白布半垫半盖裹住全身，让其仰卧在草席之上。孝子孝女孝孙儿媳则守在一旁，为死者“衔牙”，即将米饭、猪肉和一枚硬币塞进死者嘴里，并轻声说：“吃饭吧，免得路上挨饿啊……”语调哽咽，声音凄切，闻者泪下。

在死者弥留之际，亲属将其从床上移到铺于地板的草席上，叫作“放下床”，目的是不让其“背床板”，以免增加其在阴间的负担。同时也让死者接上地气，是一种向土地爷通报情况，让他（她）“入土为安”的委婉表达。

/ 入殓报丧 /

将遗体移入棺中，死者头部放在棺木小头，脚踏棺木大头，叫作“脚踏莲花”。入殓后，停棺于堂屋中门左侧，棺木两头用砖头或矮条凳垫起，下面点一盏小油灯并加盖一个小竹筛，俗称“地狱灯”或“千年灯”。“莲花”这头朝大门方向，前面摆张小方桌，上置灵牌、香炉、烛台及一碗白糯饭。饭上交叉插上一双白筷子，中间夹一个煮熟的白鸡蛋，俗称“千年饭”。出殡前，灵堂内日夜灯火长明，香烟不断，早供夜奠，气氛十分庄严肃穆。

接下来就是到舅家报丧，因为“娘亲舅大”。孝男披麻戴孝，手里点上一支香，低声对死者说：“布（尼）啊，我到舅家报丧去了。”随后，由一名六房内的兄弟陪同前往舅家报丧。一路上，逢人不能说话，也不能回头望。每过三岔路口或涉水过桥即烧香烧纸，手中的香要一直燃着，不能熄灭。来到舅家门口，孝男即跪下放声大哭说：“舅啊，我布（尼）去世了！”舅家听到哭声后，一般都会立即赶过来将其扶起，引到家里坐下。孝男向舅家汇报死者患病、就医情况，并征求舅家意见，商量筹办丧事。此外，孝男还要对舅家讲清楚出殡的具体时间，请求提早前来验尸盖棺，监督祭丧仪式。

报丧最能体现“娘亲舅大”这一传统孝道的深刻含义。

孝男要到舅家报丧，要是他平日里不孝顺父母，甚至有虐待父母的行为，舅家为了惩罚他，这时会故意不扶他起来，让他继续在地上跪着。少则半个小时，多则一两个钟头，让人们都知道他的不孝，戳他的脊梁骨。直到今天，这个习俗依然保留着。

/ 开路 /

到舅家报完丧后，就请法师过来“开路”。所谓“开路”，就是请神把死者的灵魂度到阴间，好让天仙将死者的灵魂带上天堂。在这个环节，仫佬族法师要唱《开路科仪》，唱词生动形象，让人感到这个土地公很亲切。土地“公务”繁忙，往往顾此失彼，所以得求他：“灯光亮堂堂，父（母）归天为仙，叫天天不应，儿女泪涟涟。……告声你土地，千人万人请，慢去领别筵，先进我家门……”中途怕出意外，还需细心地叮嘱他：“告声你土地，劳烦你老人，跑遍天地间，去把众神请。出门要骑马，烟斗当拐棍，天黑不见路，点灯来照明……水浅踏过去，水深用船乘，石板一架桥，让你好能行。完成众天仙，还有众家神……个个都请到，不给漏一名……”这个嘴巴叼着长长烟斗的土地老爷，似乎办事并不怎么靠谱，还有点健忘，经常丢三落四，不一再提醒，极有可能会把交代的事情给办砸！这样的土地，其实就如同隔壁家的李大爷或张大爷，慈眉善目，和蔼可亲。你要是调皮捣蛋，他就用那乌黑的烟斗敲打你的脑袋！

/ 打斋 /

天上、地下的神祇以及家仙都请到了，接着就是打斋，超度亡灵上天界。不管是过去还是现在，打斋的时间至少需要一天，每增加一夜叫作一周。两周就是两天三夜，三周就是三天四夜，以此类推。以在死者村前竖立的黑白布幡作为标志：一周竖一条白幡，两周竖一白一黑，三周竖二白一黑，四周竖二白二黑，以此类推。布幡绑在一根带青叶的竹篙顶部，叫作“龙幡”，布幡顶端绑一顶雨帽，叫作“龙头”，竹篙底部挂有一只公鸡，叫作“守幡使者”。凡此种种，含义深邃，有着丰富的文化信息。

在法事现场，法师要为死者忏悔生前的所作所为，让他（她）顺利通过各种关卡，从而抵达天界。人在一生中，无论犯了多少错误，只要忏悔，在此时就能免除罪孽。死者一生到底犯有多少罪孽呢？普通人不知道，但是法师知道。比如不给佛烧香、擅自网鱼打鸟、忤逆不孝、放火烧山、糟蹋粮食、夫妻吵架、乱扯是非、诅咒他人，等等，都是罪孽，只是轻重不一而已。法师须唱《忏悔歌》一一替他忏悔，消除罪孽：

在仫佬族人的风俗里，老人去世后，丧主要在进村路口处竖一条或多条布幡，其作用是向亲友通报家有丧事和打斋的时间

父母生来怀里鬼，恐怕孩儿哭得惨。一朝恩养成大人，瞪眼鼓眼骂爹娘，忏悔不孝罪消灭。

这既是替死者忏悔，也是对生者的警示和告诫：遵纪守法、团结邻里、孝敬父母、夫妻和睦、买卖公平、珍惜粮食、敬畏自然等，这些古老的习俗，时至今日仍有着积极的教育意义。

佛语有云：彼岸花，开一千年，落一千年，花叶永不相见。人间阴阳两相隔，此生无缘再相见，一如那猩红的彼岸花。仫佬族传统丧葬中有上黄泉路和过奈何桥的说法，并与传说中具有魔力花香的神秘彼岸花相关联。相传，有一条路叫黄泉路，路边开满了花叶永不相见的彼岸花。路的尽头有一条河叫忘川河，忘川河上有一座桥叫奈何桥。仫佬族法师替死者忏悔之后，就要做法事让死者过奈何桥：

上到金桥上，回头望，回头望。回头望见旧家乡，南无断肝肠。

奈何桥上夜风凉，一时又怕大天光。水响石边流处冷，风从花底过来香。

西方路上一条船，悠悠荡荡在江边。人生如同一场梦，一场欢喜一场空。

在“呜呜”的海螺声中，法师用凄婉深情的唱腔、通俗易懂的唱词，称颂逝者生前的慈悲心怀和功德。整个道场弥漫着哀婉的气氛，令人肝肠寸断。接下来法师又唱《哭丧歌》：

西方路上一座桥，这头踩来那头摇。修善之人桥上过，作恶之人打下桥。

西方路上一丘田，半生青草半生莲。修善之人莲上坐，造恶之人草里眠。

最后，法师替子女用仫佬话唱《吊丧歌》，其间需要敬十杯酒，每唱完一首歌，执幡孝子就向死者灵牌叩拜一次，一位乡亲同时给灵桌上的酒杯里筛一次酒。比如悼念亡母时所唱的《吊丧歌》：

娘身怀我九月整，受苦受累数不尽，寒冬冷天洗尿布，出门做工背随身，今日离世无记忆，儿负母恩未还清。初杯酒啊献亡灵，哀纳受，初杯献亡灵！

娘生我来共一家，圣母吩咐我敬妈，村中乌鸦还养娘，羊崽吃奶还跪下，娘在世间儿望娘，一去阴府难返家，二杯酒啊献亡灵，哀纳受，二杯献亡灵！

就这样，法师每唱一首歌，那位乡亲就添一回酒，一直唱满十支歌。每一首歌就是一声娘，每一滴酒就是一滴泪。歌声在深夜的灵堂里回荡，泪水从人们通红的眼眶里流出。法师声情并茂，腔调凄婉，孝男孝女回想起母亲的养育之恩，想到母亲一生的艰辛，不禁大放悲声，痛哭流涕，场面十分感人。

/ 封棺 /

唱完《吊丧歌》后，按照事先算好的时辰，在舅家的监督下进行封棺。封棺时，孝男孝女的眼泪不能掉到棺柩里，死者身上的衣服不能有补丁，否则就会把生者的灵魂带进棺柩。同时，还要检查死者寿衣上是否有金属纽扣之类的物品，要是有则必须全部取掉，否则死者就成不了“家仙”，升不了天堂。

/ 出殡 /

仫佬族人把出殡叫作“出山”。出殡前要举行隆重的祭奠仪式，程序繁多，却有条不紊。在仪式上，由法师或族中长者、孝子念祭文。出殡时，孝女手提一盏煤油灯，挑着一只小公鸡和洗澡水，拄着孝杖在前头引路。发棺时，法师念一段起棺词，并摔碎一只瓷碗，八大金刚（八个青壮年）便奋力抬起棺柩，朝事先选好的墓地奔去。一时间，鞭炮炸响，布幔猎猎，送葬队伍跟在棺柩后面，浩荡前行。

送葬的人们在沿途撒下纸钱，炮仗声不绝，前方路人纷纷避让。出殡途中，棺柩不能落地，必须一口气抬到墓地。倘若路途较远，需要中途歇息，则在路边摆上条凳，架住棺柩，不让其沾上泥土，否则就不吉利。

/ 安葬 /

安葬的墓穴是按风水先生选好的“吉地佳城”事先开挖好的。棺柩到达后，停在墓穴旁边。到了吉时，法师手举公鸡，画符、念咒、做法，而后咬破公鸡鸡冠，将其扔入墓穴，并在墓穴内等距离放置四枚硬币，将点燃的芝麻秆扔入墓穴内，叫作“暖穴”。此外，还要将孝子手中的两只粮罐分别放在棺柩两侧，称为“左仓右库”。盛有五谷种子的粮罐放在棺柩的左侧，称为“左仓”；盛有糯米饭的粮罐置于右侧，称为“右库”。这些都是孝子孝女和亲友送给死者的“粮食”，让逝者不至于在阴间挨饿。正式安葬之前，法师在墓穴前边念咒语边撒白米和硬币，跪在墓穴前的孝子孝女和亲友用手接住，接得越多福气越多。棺柩入穴并摆正后，到了吉时，法师一声令下，孝子孝女便背对墓穴用手刨泥土到墓穴里，随后其他亲友齐上阵，扛石、砌石、挖泥、抬泥，一口气将坟做好。

如果风水先生认为墓的方向不对，或下葬的年月不“利”，便将棺柩停放地面待葬，仫佬族把这叫作“权”（罗城方言，暂厝之意），待到第二年再选吉日吉时下葬。如果安葬后家道不顺，家人便会认为是葬地选得不好，得请风水先生另择吉地，拾骨重葬。

/ 居丧 /

待这些环节全部做完之后，接下来就居丧。居丧期间还得办三件大事：一是“九早”，即出殡后九天内，孝男用禾秆草铺在灵位前睡觉，不得进房间睡；二是“剃头”，时间为二十九天，其间孝男不得穿新衣，不得剃头、梳头、洗头，第二十九天请舅老爷过来帮剃头、洗头；三是守孝三年，其间孝男孝女不能饮酒，不能娱乐，不能穿彩色的衣服，孝女不能化妆。每年上一次新坟，第一年在农历二月初一，第二年在农历二月初二，第三年在农历二月初三，叫作“脱孝”，死者归入祖先行列。至此，整个丧事，圆满结束。此后，每年清明节去上一次坟，以示怀念。

大德常修，大礼安魂。“事死如事生”的观念，在人们脑子里根深蒂固，无法撼动。仫佬族的葬礼习俗，就是到了今天，人们依然严格遵守，丝毫不敢懈怠。如果托词说太忙，没有时间，搞简单点，会遭到村人的议论，大家会说这人不孝，会戳他的脊梁骨，让他在村里难以立足。

后记

走在中石仫佬族的村村寨寨，她的神奇让我叹为观止。每次去往中石村，我都会睁大眼睛四处查看，试图发现别人发现不了的东西。好在我有一个相当称职、相当热心、相当专业的向导——银书豪。他刚满60岁，刚从县饮食服务公司副经理的岗位上退休。他是个文史爱好者，多年来，凭着一颗公益心，每有高校师生或学者到中石村搞田野调查，只要找到他，他都乐意做他们的向导，并能在最短的时间内帮助他们完成调查工作。之前，他还积极配合有关专家，完成了《中国少数民族大辞典·仫佬族卷》等的田野调查工作，并无偿提供自己所掌握的相关资料，真是功德无量。

中石银姓仫佬族人心地善良，热情好客，然而对于宗族内的事向来实行一种“闭环”式的管理，不是本族人一般情况下是不能进入他们的祠堂或者祖宗墓园的，除非有当地人陪伴。这是很正常的事情，没有人会随意让外人窥探自己宗族的秘密。但是作为文化研究，实地采访又是一个不可或缺的必然环节。要是没有这个环节，那就是闭门造车、凭空臆断，没有任何意义，甚至会造成不良的社会影响。

在中石村采访，首先需要读到的是银姓族谱，因为那里有银姓宗族最为翔实的历史记载和最为丰富的文化信息。于是，在银书豪的带领下，我到太平屯拜访了银小衡的遗孀黄阿姨，从她那里拿到她丈夫银小衡先生费心编就的《银氏族谱》。银小衡是第一个将中石银氏宗族历史精心折叠并装订成册的人。他于 1960 年毕业于桂林民族师范学校，后从教多年，曾任东门镇中学教导主任、副校长。退休后的银小衡，与夫人一道，不遗余力，历时十载，足迹遍及宜州、都安、象州、武宣、柳江以及罗城银姓同胞村寨，访问乡老，辨读石碑，收罗族谱，编写完成了资料翔实、体例完备的银氏族谱。银小衡所编的银姓族谱，内容丰富，脉络清晰，是一份宝贵的地方文献，为人们了解和研究中石村银姓的历史和人文，提供了一份详尽的参考文本。同时，这本族谱也是中石银姓重要的文化遗产，对凝聚人心、弘扬民族精神，具有十分重要的激励作用。

随后，我们又来到上北贯屯拜访银氏宗族理事会会长银宏智。遗憾的是，为了生计，白天他都在县城的工厂里务工，家门紧闭。于是，我只能与他事先约定，利用晚上的时间到他家里坐坐，聊一聊银姓仫佬族人的前世今生。后来的一天晚上，我们面对面聊了近一个小时，很多让我疑惑的事得到了原汁原味的解答。当然，在他那里，我拿到了他重新编纂的《银氏族谱》。

对于这两位将宗族历史进行细致梳爬并装订成册的银姓子孙，我是非常尊敬的。从他们手上接过族谱时，我也相应递过去一些微不足道的“工本费”。那少得可怜的钱，不是族谱的价格，而是对他们艰辛劳动的一种尊重。

在中石村，我还采访了许许多多的老人，听他们讲过往的事情。北社屯的银维瑞老人80多岁了，尽管上了年纪，但他思路清晰，口齿清楚。他给我唱了很多中石村形象生动的民谣，讲了中石许多生动的往事，让我一下子开阔了眼界，受益良多。石围屯的银小日老人，年轻时烧过瓦，打过铁，态度亲和，待人接物得体大方。每次看到我到来，老人都笑脸相迎，并立即放下手头的活路，拉来椅子与我排排坐。对我提出的问题，都耐心地一一作答，直到我满意为止。

为了方便我采访，中石村党支部书记、村民委员会主任银书积，以及八冬的退休干部银世德还召集了中石六七十岁的老人一起来到村委，让我得以与他们面对面地座谈，他们耐心地为我答疑解惑，让我动容。

中石村有很多故事、很多风物、很多人物，比如那些无处不在的青石——石桥、石柱、石碑、石条、石砖、石磨、石缸、石柱础、石猪槽，镌刻着“南无阿弥陀佛”“泰山石敢当”“将军箭”等文字的青石条，以及用青石凿成的压布石、练功石、石狗、石舂坎等；还有不少奇特的习俗，如将石头或大树作为契爷契娘，七月初七和七月十四接送祖宗，四月初八给牛过生日，端午节的“打猪脚”活动，农历八月十四、十五和十六日月光下的“夜禁”，外出时在中途某个固定的地方扔石子（“甲子脖”），“谴村”与“谴垌”，“送崽读书，不如带崽赶圩”（背着刚刚满月的孩子赶圩），等等。它们都充满了仫佬族人的智慧，折射着仫佬族人的生存技巧。如此种种，限于篇幅，我都无法形诸文字，只能将它们存放在时光与记忆的宝盒里，等待日后有了空闲再去唤醒它们。中石这个地方，或许得花上一生的时间才能读得完、读得懂、读得透。

从接受任务到全部完成任务，耗费了我近半年的时间。在这半年里，其他的文字我一个不写，专注于此。这种情况在过去是不可想象的。感谢能够遇见中石，认识中石，阅读中石，书写中石。我相信缘分，与中石的相互遇见就是一种缘分。缘分到了，万事皆有可能。仅此而已。

主要参考资料

1. 潘琦、银建军、龙殿宝，《仫佬族通史》，民族出版社，2011年。
2. 吴才珍，《仫佬族风情志》，广西民族出版社，1993年。
3. 龙殿宝，《中国民间文学三套集成·罗城歌谣集（上、下）（资料本）》，罗城仫佬族自治县民间文学集成办公室，1987年。
4. 龙殿宝，《中国民间文学三套集成·罗城故事集（资料本）》，罗城仫佬族自治县民间文学集成办公室，1988年。
5. 《仫佬族简史》，广西民族出版社，1983年。
6. 龙殿宝、吴盛枝、过伟，《仫佬族文学史》，广西教育出版社，1993年。
7. 吴保华、胡希琼，《仫佬族的历史与文化》，广西民族出版社，1993年。
8. 江碧秋，《罗城县志》，民国二十四年（1935年）。
9. 《广西仫佬族毛南族社会历史调查》，广西民族出版社，1987年。
10. 吴国富，《仫佬族研究文集》，民族出版社，2018年。
11. 黎学锐、黎炼，《仫佬族依饭节》，北京科学技术出版社，2013年。
12. 龙殿宝、黄桂秋、吴代群，《仫佬族古歌》，广西民族出版社，2007年。
13. 龙殿宝，《中国少数民族大辞典·仫佬族卷》，中国大百科全书出版社，2014年。
14. 黄润柏、袁丽红，《仫佬族》，中国人口出版社，2012年。
15. 银联军，《仫佬族民间文化艺术系列丛书——风情这边独好》，广西美术出版社，2013年。
16. 银小衡，《银氏族谱》，2001年。
17. 银宏智，《银氏族谱》，2019年。